Andreas
Weber

Warum Kompromisse schließen?

Andreas
Weber

Warum Kompromisse schließen?

Dudenverlag
Berlin

Inhalt

1 Leben erlauben

Vor ein paar Jahren arbeitete ich eine Zeit lang als Bibliothekar in der Gemeindebücherei einer italienischen Kleinstadt. Es war ein stiller, beruhigender Ort. Die hohen Gewölbe über den dicht gefüllten Stahlregalen atmeten auch an heißen Tagen Kühle. Als ich mein Amt antrat, wies mich Paola, die Bibliothekarin, eine Stunde lang in die Aufgaben ein. Ausleihen hatte ich in eine dicke Kladde einzutragen. Wenn eine Seite voll war, musste ich mit dem Lineal neue Spalten ziehen. Alles war einfach, ordentlich und klar geregelt.

Das Wichtigste schärfte mir Paola zum Schluss ein: Wenn jemand sein Buch nur wenige Tage zu spät abgebe, müsse er keine Strafgebühr zahlen. Jedenfalls nicht unbedingt. Ich solle bitte von Fall zu Fall entscheiden und dabei »Intelligenza« zeigen.

Ich musste lange über diesen Begriff nachdenken. Wörtlich übersetzt bedeutet das Wort das Gleiche wie das deutsche »Intelligenz«. Was Paola aber meinte, war eine Form von Lebensklugheit. Sie erwartete von mir die Bereitschaft zum Kompromiss. Ich sollte mich darauf einstellen, von Fall zu Fall einen Ausgleich zwischen den starren Regeln der Ausleihe (ab einem Tag Verspätung Strafe) und den persönlichen Umständen der verspäteten Abgabe zu finden. »Intelligenza« bedeutete, das Unvollkommene unseres Wesens und Lebens anzunehmen und auch einmal großzügig auf meine Autorität als Bibliothekar zu verzichten.

Ich weiß nicht, ob Paola glaubte, mich als Deutschen daran erinnern zu müssen. Unsere Nationalkultur ist nicht für ihre Stärke bekannt, sich je nach Situation mit den Umständen zu arrangieren. Um eine solche Flexibilität und Nonchalance zu erfahren, nehmen wir gern Reisen über die Alpen in Kauf. Dafür pflegen wir hierzulande im beruflichen und geschäftlichen Leben die Geradlinigkeit. Und leiden bisweilen darunter.

In der deutschen Gesellschaft haftet dem Kompromiss etwas besonders Negatives an. Unsere Kultur ist in der Tat oft eher durch Kompromisslosigkeit hervorgestochen. Unwörter wie »Endlösung« haben nichts von Zugeständnis. Den Deutschen wird »Hundertprozentigkeit« attestiert. Selbst Angela Merkel, die eigentlich als Meisterin des Arrangements gilt, sprach zur Rechtfertigung ihrer Politik des Öfteren von »Alternativlosigkeit«.

Längst stehen wir Deutschen mit unserem Hang zum Schwarz-Weiß-Denken nicht mehr allein. Die Spielräume für flexibles Handeln schrumpfen – weltweit. Die Bibliothek des italienischen Landstädtchens war schon damals auf der Apenninen-Halbinsel ein Anachronismus. Inzwischen ist sie geschlossen. Das Wort »Kompromiss« hat überall einen negativen Beigeschmack bekommen. Was, du lebst in einer Beziehung, für die du Kompromisse eingehen musst? Du bist nicht deinem Lebenstraum gefolgt, sondern hast beruflich genommen, was sich dir bot? Wer sich arrangiert, wer das akzeptiert, was gerade passt, und nicht alles ausschöpft, hat schnell den Ruf eines Losers.

Dagegen benutzen wir das Adjektiv »kompromisslos«, um erfolgreiches Handeln zu beschreiben. Das gilt für die Karriere, für die Partnerwahl, für das Agieren von Unternehmen auf dem Markt – und neuerdings wieder für Politikerinnen und Politiker, denen viele zutrauen, mit kompromissbehafteten Missständen aufzuräumen. »Kompromisslos« umschreibt die verbreitete Auffassung, dass belohnt wird, wer sein Ding macht, und dass ausstirbt, wer sich anpasst.

Mit dem Export des Optimierungsmodells in alle Ecken des Planeten (»Ich will das meiste aus meinem Leben machen!« statt »Ich will meine Rolle so produktiv wie möglich ausfüllen«) scheint der Kompromiss als natürlicher Feind des Gelingens identifiziert. Während es in der Antike und in Stammesgesellschaften geboten war, mit Maß und ohne Egozentrik zu agieren, erscheinen in unserer Zeit ein Mindestmaß an Narzissmus und damit einhergehender Kompromissfeindschaft unerlässlich für beruflichen und sozialen Erfolg.

Aber es zahlt sich nicht immer aus, Sieger zu sein. Vielfach lohnt sich der Mittelweg. Als Menschen fühlen wir uns mit einem Kompromiss oft stimmiger – so wie ich, wenn ich den Buchlesern der italienischen Kleinstadt mit südländischer Nonchalance ihre Gebühren erlassen konnte. Ein Kompromiss heißt etwas aufgeben (in dem Fall meine Autorität als Bibliothekar und die Einnahmequelle des Strafgeldes) und umgekehrt dafür etwas bekommen (eine freundliche Begegnung mit einem dankbaren Mitmenschen). Er folgt der alten mediterranen Idee von Zivilisation, die der Schriftsteller Albert Camus als »Pensée du Midi«, das »Denken des südlichen Mittags«, beschrieben hat: leben und leben lassen, leben dürfen und dafür anderen zu leben erlauben.[1] Sich selbst etwas versagen und dafür von etwas anderem verschont bleiben. Der Kompromiss ist ein Mittelweg, den alle Beteiligten beschreiten können.

Das heißt freilich nicht, dass Kompromisse per se immer richtig sind. Auch dazu lernte ich etwas in Italien. Unlängst stritt ich mich mit der Bürgermeisterin einer Kleinstadt im süditalienischen Kalabrien. Ich wollte sie für einen Artikel über die Rolle der Mafia interviewen. Bei der Anfahrt zu unserem Gesprächstermin, dort, wo die Küstenstraße in den Ort einmündete, war ich an einer frischen Brandruine vorbeigefahren. Das war ihre Apotheke, erzählte mir die Bürgermeisterin. Ein paar Tage zuvor hatte die Mafia ihr Haus angezündet. Dass die Bürgermeisterin und ihre Familie, die im ersten Stock darüber wohnten, den Flammen lebend entkommen konnten, war reines Glück.

Drei in Zivil gekleidete Carabinieri, ihre persönliche Eskorte, waren mit uns die einzigen Gäste im Café an der Strandpromenade. Die drahtigen Männer mit den Sonnenbrillen saßen nicht sehr unauffällig in unserer Nähe. Die Politikerin wirkte gefasst, ja entschlossen. Sie sei keine Freundin des Kompromisses, meinte sie. Sie beharrte darauf, dass wir nur friedlich zusammenleben könnten, wenn wir uns an Prinzipien hielten. Ihr moralisches Idol war der Philosoph Immanuel Kant. Für diesen zählt allein der gute Wille – ganz gleich, was letztlich bei der Handlung herauskommt. Der Wille muss eisern sein. Kein italienisches Sich-Arrangieren, Ausnahmen-Machen, Wegblicken.

Ich widersprach der Bürgermeisterin. Ich erinnerte sie an die preußische Gehorsamsdiktatur und ihre Folgen. Zu viele Kompromisse erlauben, das werde schnell zu Anarchie, konterte die Lokalpolitikerin. Ich sähe ja selbst, was dabei herauskomme. Ich konnte sie verstehen. Zu wenig Freiheit für Arrangements jedoch, hielt ich ihr entgegen, ergebe ein starres System, in dem nur noch die alle einengende soziale Konvention regiert. Wie man sieht, hatte ich meine Lektion als menschenfreundlicher Hilfsbibliothekar gelernt.

Wir leben in einem Zeitalter, das sich viel darauf einbildet, eine professionelle Kompromissfähigkeit an den Tag zu legen. Unsere kapitalistische Demokratie mit ihren diversen Interessengruppen lebt von Deals und Zugeständnissen – oft, ohne dass sich an den bestehenden Verhältnissen wirklich etwas ändert. Darum ist es zum Schlachtruf der neuen Rechten und der vielen, dem »Establishment« feindlich gesinnten Populisten geworden, man wolle den »Sumpf trockenlegen« und die ewig lahmen Kompromisse »zerschlagen«.

Allerdings verbergen sich unter den müden Arrangements, die kein Vorwärtskommen bringen, in Wahrheit gar keine Kompromisse, sondern die Unfähigkeit dazu. Selten waren unsere Gesellschaften und ihre Akteure weniger kompromissfähig. Meiner starken Vermutung nach liegt das auch daran, dass wir weitgehend vergessen haben, was einen echten Kompromiss, einen Kompromiss, der von Herzen kommt und allen Konfliktpartnern dient, überhaupt ausmacht.

Der Kompromiss, von dem wir verächtlich sprechen, ist gar nicht der Kompromiss, den wir eigentlich brauchen, und auch nicht der, den wir tatsächlich suchen. Das Dilemma unserer in scheinbar unlösbare Konflikte verfahrenen Gegenwart besteht nicht darin, dass Kompromisse nicht funktionieren, sondern dass wir auch dann keine eingehen, wenn wir denken, dass wir es tun.

Statt den Kompromiss zu verachten, müssen wir

ihn erst einmal entdecken. Und damit eine Seite von uns selbst, die wir im gängigen Verständnis des Menschen als »Homo oeconomicus«, als Gewinnmaximierer in einer erbarmungslosen Welt des Wettkampfes, oft nicht sehen. Eine Beschäftigung mit dem Kompromiss kann uns zu neuen Einsichten über die Natur unserer gemeinsamen Wirklichkeit verhelfen – und zu einer veränderten Erfahrung unserer selbst.

2 Lieber keinen Kuchen als einen halben

Ich habe mit meiner Frau eine Meinungsverschiedenheit. Es geht um die Frage, ob wir stolz darauf sein dürfen, wie weit es die Deutschen nach dem Zweiten Weltkrieg geschafft haben, in einer Gesellschaft anzukommen, in der nicht nur Prinzipien geritten werden, sondern Menschen den Ausgleich suchen und Unterschiede tolerieren können. Inwieweit also wir Deutschen uns mit unserer Bereitschaft zu Kompromissen brüsten dürfen.

Meine Frau ist in Italien aufgewachsen. Sie kam während des Studiums nach Berlin. Sie beschloss zu bleiben, weil sie die Menschen hier als flexibler und weniger von vorgefassten Meinungen geprägt erlebt als ihre Landsleute jenseits der Alpen. Meine Frau findet, dass die Kompromissfähigkeit in Deutschland ausgeprägt ist. Und stößt damit bei mir auf Skepsis.

Schließlich – ich sagte es schon – liebe ich das südländische »leben und leben lassen«. Was ist mit den deutschen Hausnachbarn, die klingeln, damit ich die Fußmatte rechtwinklig zur Tür ausrichte? Was mit dem Satz: »Ordnung muss sein«? Mit dem mit Lineal gezogenen

Doppelstrich, den die Mathelehrerin meiner Tochter aus Prinzip unter dem Rechenergebnis sehen wollte? Ich – und viele andere – ertragen so etwas mit leiser Scham. So richtig stolz auf die Erfolge dieser Kultur in der Kunst des Kompromisses vermag ich noch nicht zu sein.

Meine Frau kann das schwer fassen. Noch weniger, dass deutsche Freunde sofort dagegenhalten, wenn sie von ihrer neuen Heimat zu schwärmen beginnt. Warum so ein Schwarz-Weiß-Denken?, fragt sie. Warum von einem Extrem ins andere fallen und nicht das Gute und das Schlechte gleichermaßen sehen, in einem Mosaik, das beides enthält?

Nun, zwölf Jahre lang haben die Deutschen der Welt in die Ohren gebrüllt, was für eine überlegene Rasse sie seien. Seitdem machen sie sich klein, reden ihre Erfolge schlecht und finden, dass es keinen Grund zum Feiern gebe. Dafür fahren sie lieber außer Landes. Nach Italien etwa. In dieser Haltung bin auch ich ganz und gar kompromisslos. »Echt deutsch«, findet meine Frau.

In Deutschland ist der Kompromiss ein heikles Thema. Noch immer haben wir nicht unseren Frieden mit ihm geschlossen. Zugegeben, als Gesellschaft sind wir inzwischen erheblich kompromissbereiter als noch vor ein paar Jahrzehnten. Aber die praktische Handhabung der »Intelligenza« fällt uns nach wie vor schwer, woran mich der Disput mit meiner Frau erinnert.

Gerade in Deutschland hatte Kompromissbereitschaft lange Zeit einen schlechten Ruf. Ein gesetztes Ziel nicht konsequent anzupeilen und umzusetzen, galt als Schwäche oder sogar Schande. Unsere Kultur war über weite Strecken ausgesprochen kompromissfeindlich, und möglicherweise lassen sich manche politischen Verhakungen von heute noch mit diesem Erbe erklären.

Aus der deutschen Kultur stammen jedenfalls einige der perfidesten Vertreter der Kompromisslosigkeit. Andererseits hat sie auch die vielleicht fantasievollste Werberin dafür hervorgebracht, dass ein aktives Suchen der Gemeinsamkeiten den Kern politischen Handelns ausmacht: die Philosophin Hannah Arendt. Das entgegengesetzte Extrem finden wir im Staatsrechtler Carl Schmitt, der in den 1930er-Jahren zum Stichwortgeber der Nationalsozialisten wurde, ehe sie ihn kaltstellten.

Für Schmitt bestand der Grundcharakter des Politischen in der Aufspaltung zwischen Freund und Feind. Politisches Handeln war für ihn alles, was das Aktionsfeld klar in »schwarz« und »weiß«, in »wir« und »die anderen« unterteilte. Je klarer die Frontstellung markiert wurde, desto eindeutiger würden die Konfliktpartner erkennen, was sie zu tun hatten, um ihr Anliegen durchzufechten. Schmitt fasste das Ziel politischen Handelns demgemäß so auf, dass es darum gehe, Polaritäten bewusst zu verschärfen und die jeweils andere Seite konsequent zu bekämpfen.

Diese Haltung hatte die kulturelle Praxis der Deutschen schon vor Schmitt geprägt. In den Augen des Politikwissenschaftlers und Militärhistorikers Andreas Herberg-Rothe konsolidierte sie sich im preußischen Soldatenstaat, wo sie von einem seiner maßgeblichen militärischen Strategen, dem General Carl von Clausewitz, zu einem Ethos der Kriegsführung systematisiert wurde. Für Clausewitz war der Krieg »die bloße Fortsetzung der Politik mit anderen Mitteln«.[2] Das ist eine Sichtweise, der zufolge Unterschiede in den jeweiligen Interessen nicht anders als durch eine Konfrontation aufgelöst werden können. Rational handelt somit, wer alles dafür tut, den unvermeidlichen Kampf als Sieger zu beenden. Dass es noch eine andere Umgangsweise mit unterschiedlichen Bedürfnissen geben könnte, wird gar nicht erwogen.

»Es existieren grundsätzlich zwei Formen des politischen Handelns«, sagt Herberg-Rothe. »Eine der beiden ist das Gewalthandeln, dem es darum geht, sich durchzusetzen, immer auch mit Brutalität.«[3] Das Gewalthandeln verachtet den Kompromiss als unpolitisch. Für diese Tradition stehen Clausewitz, Schmitt und natürlich auch der politische Dämon Adolf Hitler. Dessen Auffassung, wenn das deutsche Volk nicht die Weltherrschaft erringe, dann solle es ausgelöscht werden, bezeichnet die äußerste Konsequenz des Gewalthandelns. Ihre Kurzformel lautet: »Sieg oder Untergang«. Wie auch jene Behauptung, die uns im Populismus wieder begegnet: »Wer nicht für mich ist, ist gegen mich.«

Der zweite Pol politischen Tuns ist für Herberg-Rothe das »Zusammenhandeln«.[4] Ursprünglich hat diesen Begriff die Philosophin Hannah Arendt geprägt. Im Zusammenhandeln liegt für Arendt der Horizont aller menschlichen Bemühungen.[5] Demnach haben wir als Menschen ein grundsätzliches Bedürfnis, in Gemeinsamkeit zu agieren. Wir gewinnen diese Gemeinsamkeit, indem die Vielzahl der einzelnen Interessen bestehen bleibt – und nicht dadurch, dass wir diese gewaltsam homogenisieren oder aber deren Gegensätze verschärfen. Das Politische besteht für Arendt – und darin unterscheidet sie sich diametral von Schmitt – im aktiven Herausarbeiten dessen, was uns verbindet.

Sprachgeschichtlich entstammt das Wort »Kompromiss« einer solchen Haltung: Es bezeichnet ein Versprechen in Gegenseitigkeit, gebildet aus der lateinischen Vorsilbe *cum*, »miteinander«, und *promissum*, »Versprechen« (das wir auch im englischen Wort *promise* wiederfinden). Im alten Rom schlossen Streitparteien einen Kompromiss, indem sie einander versprachen, die je andere Position anzuerkennen.[6] Dieses Versprechen war möglich, weil die Kontrahenten akzeptierten, dass zwar gegensätzliche Interessen zwischen ihnen standen, dass aber zugleich fundamentale Gemeinsamkeiten sie miteinander verbanden. Das Versprechen, das »cum-promissum«, beruhte letztlich auf der Anerkennung der gemeinsamen Menschlichkeit.

Vielleicht liegt die größte kulturelle Veränderung, die sich in Deutschland in den letzten siebzig Jahren vollzogen hat, im – zumindest angestrebten – Abschied vom Gewalthandeln und der damit verbundenen Kompromissfeindschaft. Wie sehr das gelungen ist, muss sich angesichts des Neuerstarkens von Anbietern radikaler Lösungen allerdings noch erweisen.

Was das Verhältnis zwischen Kompromiss und Wirklichkeit angeht, so ist das Abendland in zwei Traditionen gespalten. Man könnte die eine als die platonisch-katholische bezeichnen, die andere als die romantisch-protestantische. Für die platonisch-katholische Sichtweise ist die Welt »hinieden« selbst bereits ein Kompromiss. Das Reale ist Abklatsch einer idealen Welt (Platon), das Jammertal, das wir in Erbsünde durchschreiten, mit der wir uns, so gut es geht, arrangieren müssen. Wir sind als Irdische also immer schon kompromittiert. Im Arrangement mit dem Kompromisshaften aller Existenz gilt es, das Eintrittsrecht in die Welt der Ideale, die nach dem Tod im Paradies auf uns wartet, nicht zu verspielen.

Die andere Traditionslinie glaubt hingegen, dass das Paradies nicht nur im Jenseits zu finden ist, sondern sich schon hier auf Erden einrichten lässt. Erlösung gibt es – wenn man hart genug kämpft – bereits in diesem Leben.

Diese Haltung findet vielfach das Kompromisslose – das reine Ideal – in der Schönheit der Natur. Die Schönheit aber will immer wieder errungen werden. So wie die Natur oft voller Leiden ist und das Ideale gleichsam nur zaghaft aus ihren Blüten hervorleuchtet, ist für diese Auffassung die reale Welt vor allem ein Schauplatz des Kampfes und der Mühsal. Darum gilt es, aufrecht für das Gute einzustehen. Sich zu arrangieren, Kompromisse einzugehen heißt nach dieser Sichtweise, die Möglichkeiten einer Vervollkommnung der irdischen Verhältnisse auszuschlagen. Der Sieg wird durch beherztes (Gewalt-)Handeln im Hier und Jetzt errungen, nicht im Jenseits. Wer Kompromisse macht, ist dem Kampf nicht gewachsen.

Aus dieser zweiten Quelle speist sich ein gutes Stück unserer nationalen Kultur. Von der tragischen Figur des Michael Kohlhaas bei Kleist, der – ungerecht behandelt – Gerechtigkeit um jeden Preis sucht und sich mit keinem Arrangement zufriedengibt, bis zum »Hier stehe ich und kann nicht anders« des als Ketzer geschmähten Martin Luther auf dem Wormser Reichstag 1521 vor Kaiser Karl stößt man allenthalben auf eine Moral des Ganz-oder-gar-nicht.

Das Gewissen spielt – wie in Luthers Ausruf – bei der Umsetzung des Guten auf Erden eine wichtige Rolle. Es stellt im Protestantismus die jedem Menschen zugängliche Offenbarung des göttlichen Willens dar und steht damit sozusagen dauerhaft auf Empfang für Kompromisslosigkeit. Das Gewissen befähigt uns, diesen Willen im Diesseits umzusetzen, wenn wir uns dabei nicht auf Halbheiten einlassen.

Ein guter Wille ist der irdische Stellvertreter des Idealen, ja mehr noch: In ihm manifestiert sich das Ideale selbst in urwüchsiger Kraft. Das hat sich auch in der Ethik des protestantischen Philosophen Immanuel Kant niedergeschlagen, die der kalabrischen Bürgermeisterin bei ihrem Kampf gegen die Mafia so gut gefiel. Laut Kant geht es bei der moralischen Beurteilung eines Verhaltens nicht um dessen Folgen, sondern darum, ob die Gesinnung richtig war, also kompromisslos moralisch. In dem Fall darf es dann zur Not auch – natürlich aufrecht! – in den Untergang führen.

Spätestens Nietzsche macht dann den Willen auch ohne Gesinnung groß. In seinem Übermenschen Zarathustra wird alles Halbe, Zaghafte und gerade deshalb Menschliche als nicht lebenswert verhöhnt. Zentrum des Weltgeschehens ist der »Wille zur Macht«. Hier begegnen wir der Wurzel einer seelischen Eigentlichkeitspolitik (»Verwirkliche dich selbst!«, »Lebe wild und gefährlich!«), die uns im übernächsten Kapitel beim Nachdenken über die nötigen und die tödlichen Kompromisse in der Liebe erneut beschäftigen wird.

Nietzsches Pathos des Willens als Macht lässt eine eigentümliche Ambivalenz unserer Kulturgeschichte deutlich werden. Das sehr (preußisch-)deutsche Ideal, keine

Halbheiten zuzulassen, spielt im Wirken mancher Intellektueller eine paradoxe Rolle, weil diese zwar Kompromisslosigkeit bekämpfen, sie zugleich aber selbst an den Tag legen. Das ist bei einem anderen philosophischen Leitgestirn des Öfteren der Fall, bei Theodor W. Adorno. Einerseits verurteilt er die spießbürgerliche »Eigentlichkeit«, das Beschwören einer heilen Welt, als Vorform des Faschismus. Andererseits schwingt in vielen von Adornos Sentenzen selbst ein ordentliches Maß an solcher Eigentlichkeit mit, die nur das Entweder-oder kennt und keine Grauwerte, wie etwa in dem einflussreichen Satz: »Es gibt kein richtiges Leben im falschen.«[7]

In der platonisch-katholischen Tradition ist das Leben im irdischen Tränental kein guter Ratgeber für die Gestaltung besserer Verhältnisse; zu kompromissbehaftet geht es hier zu, weshalb der klare Geist Ordnung schaffen muss. In der romantisch-protestantischen Überlieferung hingegen gilt es, auf die Gestalt der Schöpfung zu schauen, um zu verstehen, wie das Ideale eigentlich gemeint war. Die Natur ist das Gottgegebene und Ursprüngliche. Daraus folgten kulturgeschichtlich einerseits eine Verachtung der als künstlich verhöhnten Gesellschaft und andererseits eine Beschwörung der vorgeblich naturwüchsigen Lebensgemeinschaft.

Das betonte besonders der Begründer der Soziologie in Deutschland, Ferdinand Tönnies, am Ende des 19. Jahrhunderts. Er sah die Gemeinschaft als »ursprüngliche Wesensordnung«, die Gesellschaft dagegen als »willkürliche Organisationsordnung«.[8] In dieser Tradition liegen die Wurzeln für die Verherrlichung von Natur und vorgeblichem Germanentum, wie wir sie dann bei den Nationalsozialisten beobachten. Wer die ursprüngliche, eindeutige Wesensordnung kompromittiert, hat nach dieser Denkweise nichts in der Gemeinschaft verloren.

In der deutschen Kultur war das »Zusammenhandeln« lange Zeit nicht nur als unnatürlich, sondern auch als schwach verschrien. Die Wirklichkeit wurde oft mit einer Natur identifiziert, die als Schauplatz eines erbarmungslosen Überlebenskampfes erschien, auf dem sich notwendig das Recht des Stärkeren durchsetzte. Wer das Richtige tun wollte, musste – nach dem geltenden Verständnis sozialer Regeln in der Natur – dem Rudel oder dem Clan den Vorzug geben. Und hatte unbedingt Sieger zu bleiben.

Das politische Tagesgeschäft stand bis zum Ende des Naziregimes unter dem Generalverdacht, mit seinen Kompromissen gegen die »gesunde Gemeinschaft« und die »sittliche Ordnung« der Natur zu verstoßen. Der (monarchische) Staat galt hingegen als Hüter der göttlichen Ordnung. In der deutschen politischen Philosophie findet sich deshalb oft eine Unterscheidung zwischen dem (moralisch überlegenen) Staat als Inbegriff der von Kompromissen freien Gemeinschaft und dem (unmoralischen) politischen Handeln, das an ewigen Zugeständnissen krankt. Bei Hegel ist der Staat sogar die »höchste Idee des Sittlichen«. Es ist allerdings ein Staat, der seine Räson im Gewalthandeln sieht.

Diese Gemengelage mag auch erklären, warum sich deutsche Intellektuelle bis in die Weimarer Republik häufig als politikfern stilisierten – so beispielsweise Thomas Mann in seinen umstrittenen *Betrachtungen eines Unpolitischen*, die während des Ersten Weltkriegs erschienen. »Unpolitisch« zu bleiben verhieß Redlichkeit und Reinheit. Sollte eine solche Haltung vor allem dazu dienen, sich nicht »die Finger schmutzig zu machen«, so spielte sie doch immer dem Gewalthandeln in die Hände, das Kompromisse verachtet. Die Weimarer Demokratie war in Deutschland bei vielen – und beileibe nicht nur bei den Anhängern der politischen Extremisten – gerade deshalb so verhasst, weil sie leidenschaftliche Debatten entfesselte, in denen um Ausgleich zwischen den unterschiedlichen politischen Zielen gerungen wurde.

Historisch etablierte sich das Schwarz-Weiß-Denken und -Handeln über längere Strecken als stilbildendes Mittel deutscher Kultur. Von Winston Churchill stammt angeblich die Einschätzung, dass die Deutschen – politisch, aber auch kulturell – nur zu zwei Verhaltensweisen in der Lage seien: Entweder habe man sie auf dem Schoß oder an der Gurgel. Gerade bei den Angelsachsen stieß das germanische Ganz-oder-gar-nicht auf Kopfschütteln.

So beobachtete der US-Kongressabgeordnete F. M. Butler schon im 19. Jahrhundert: »Die Deutschen nähren eine hoffnungslose Leidenschaft für das Absolute, unter welchem Namen und in welcher Verkleidung auch immer sie es sich vorstellen mögen.«[9] Das Absolute ist per se kompromissfrei, sonst wäre es relativ. Auch ein anderer Angelsachse, der schottische Schriftsteller und Essayist Compton Mackenzie, konnte solcher Radikalität nichts abgewinnen. Er meinte: »Es ist für mich unvorstellbar, dass man es vorziehen kann, statt eines halben Stückes Kuchen gar keinen zu bekommen.«[10]

Ausgerechnet die pragmatischen, zu Arrangements bereiten Angelsachsen brachten die Kuchenmetaphorik jüngst wieder ins Spiel – allerdings um zu zeigen, dass nun sie es sind, die es nicht nötig haben, Kompromisse zu machen. »We can have our cake and eat it«, behauptete der spätere englische Premierminister Boris Johnson während der Kampagne für den Ausstieg Englands aus der Europäischen Union. Wir können alles haben, hieß das, auch gegen die Gesetze der Logik; Kompromisse sind nicht nur unnötig, sondern dämlich.

Der Brexit macht auch deshalb viele fassungslos, weil er sich als die Einführung der Kompromisslosigkeit in eine Kultur lesen lässt, die bisher die Welt und besonders die Deutschen nach dem Zweiten Weltkrieg die Kunst des Kompromisses gelehrt hat. Die meisten, die on Johnsons Kuchentrick hörten, hielten ihn für wirklichkeitsfremd. Sie waren überzeugt, er könne keinesfalls bei der Mehrheit der britischen Wählerschaft verfangen. Das war falsch.

Wer sich gegen Kompromisse wendet, dem geht es häufig nicht um die Lösung, sondern um das gute Gefühl, eben kein Zugeständnis gemacht zu haben. Das wird von vielen Menschen honoriert. Es ist eine Machterfahrung. Kompromisslosigkeit, und sei sie noch so absurd, führt dann zum Erfolg, wenn der Sinn des Handelns darin liegt, Macht zu demonstrieren, egal, was dabei alles kaputtgeht. Das haben die politischen Gegner von Populisten wie Johnson und Trump, aber auch die Kommentatoren mit meist liberalem Hintergrund noch nicht begriffen. Wenn der Kompromisslose Skandale verursacht oder gar Menschen über die Klinge springen lässt, schreckt das seine Anhängerschaft eben nicht ab. Im Gegenteil, es stärkt das Gefühl des »Wir gegen sie«. Wer diese anderen, diese »sie«, genau sind, spielt keine Rolle. Hauptsache, das »wir« bleibt sich treu.

In dieser Konstellation sieht der bereits erwähnte Politikforscher Herberg-Rothe ein Kennzeichen populistischer Bewegungen weltweit. Statt »Zusammenhandeln« im Sinne Hannah Arendts zu suchen, werde ein »Wir gegen sie«-Gefühl beschworen, das sich auf fiktive oder mythische Vorbilder stützt. Daher die Rückgriffe auf Ereignisse, bei denen dieses »Wir« einst bedroht war. Die bei den Brexit-Anhängern verbreitete Weltkriegsmetaphorik und die Beschwörung der kolonialen Vergangenheit sowie in den USA das »Make America Great Again«-Mantra Trumps erfüllen genau diese Funktion. Nicht anders sollte die Identifikation mit den Germanen in Hitlers zwölfjährigem Reich und die mit den Römern in Mussolinis Italien wirken: als Fiktion eines scheinbar historisch legitimierten »Wir«, dem dann »der Rest« gegenübergestellt werden konnte.

Das »Wir« allein zählt. Dieses »Wir« bedeutet per se Ausschluss der anderen, während der Kompromiss ein gegenseitiges Anhören verlangt. Das erklärt den Zombie-Charakter solcher Bewegungen und ihrer Protagonisten: Je stärker der Druck von außen wird, desto deutlicher akzentuiert sich das kompromisslose Wir. Daher leben solche Bewegungen von Konflikt, Zwietracht und Skandal. All das führt ihnen, anders als die politisch gemäßigten Widersacher glauben, Energie zu, statt ihnen Kraft zu rauben.

Der logische Endpunkt der Sucht nach Streit und Chaos ist der Krieg. Er ermöglicht eine zwingende, weil existenzielle und unaufschiebbare Sortierung in »wir« und »die anderen«, deren Sog sich im Ernstfall dann auch die Anhänger der Opposition nicht entziehen können. »Krieg ist organisierte Sprachlosigkeit«, sagt der Politikwissenschaftler Dieter Senghaas.[11] Sprache hingegen macht den Kompromiss möglich. Wer miteinander spricht, erkennt das Gegenüber zumindest rudimentär in seiner Individualität an. Wer aber das Vermittelnde der Sprache ablehnt, zielt implizit auf Gewalt.

Das lässt sich der politischen Philosophie Carl Schmitts entnehmen, der behauptete, dass ein Konflikt, um lösbar zu sein, bis ins Extrem gesteigert werden müsse, sodass schließlich die eine Position die andere eliminiert. Für Hannah Arendt, das deutsche Genie des Kompromisses, wäre mit diesem Sieg das Ende der Menschlichkeit besiegelt. Sie befürchtet, dass »der unerschöpfliche Reichtum des menschlichen Gesprächs unweigerlich zum Stillstand kommen müßte, wenn es eine Wahrheit gäbe, die allen Streit ein für allemal schlichtet«.[12]

3 Die Kakerlake in der Suppe

In meiner Kindheit gab es eine Fernsehsendung, die ich stets zu vermeiden suchte, an der ich aber dennoch fast jeden Sonntagmittag hängen blieb. Jedenfalls schaute ich sie immer eine Weile an, ohne dass ich sonderlich viel verstanden hätte. Außer, dass es sich um Erwachsenenthemen handelte, wenn da mehrere Männer (und später manchmal auch Frauen) an einem halbrunden Studiotisch saßen und redeten. Sie trugen fast alle Brillen mit dicken Rändern, rauchten unablässig Zigaretten und Pfeife, tranken Wein aus geschwungenen Gläsern und widersprachen einander in einem fort.

Ich weiß noch, wie ich in die kontrastarme Runde auf unserem Schwarz-Weiß-Fernseher starrte, frontal gefilmte Gesichter, zwischen denen der Rauch in Schleifen emporstieg. Damals gab es am Sonntagmorgen nichts anderes. Nicht einmal KiKA. Die Sendung, in der Werner Höfer allwöchentlich Journalisten ausländischer Medien um sich versammelte, war das erste bewegte Bild, das nach dem Pausenzeichen auftauchte. Jeden Sonntag versprach ich mir davon eine Auflockerung der Einöde am

Bildschirm und gab immer wieder nach ein paar Minuten auf.

Der Internationale Frühschoppen, 1953 zum ersten Mal im Fernsehen ausgestrahlt, blieb fast fünfunddreißig Jahre auf seinem Sendeplatz. Bis auf ein Mal machte Werner Höfer keinen Urlaub, der ihn weiter weg führte als zur Insel Sylt, damit er an keinem einzigen Sonntag des Jahres den Studioauftritt versäumte. Die Sendung stellte bei ihrem Start ein in der deutschen Kultur gänzlich ungewohntes »Talking Heads«-Format dar. Ihr Vorbild war die Gesprächsrunde *Meet the Press*, die seit 1947 vom US-amerikanischen TV-Sender NBC ausgestrahlt wurde und heute immer noch läuft. In vieler Hinsicht war der *Internationale Frühschoppen* Vorläufer heutiger Talkshows.

Aber es ging in der Sendung nicht nur um Unterhaltung, sondern auch und vor allem um demokratische Meinungsbildung. Ergebnissoffen wurden Standpunkte ausgetauscht und oft auch verbissen verteidigt. Die Sendung sollte dem Publikum nahebringen, wie politische Insider debattierten. Sie war ein pädagogisches Mittel, um in den Deutschen die Lust am Ringen um den Kompromiss zu wecken. Werner Höfer mit seiner Leidenschaft, eine gemeinsame Position zu erstreiten, war zu Hitlerzeiten freilich selbst ein Kompromissloser gewesen – ein Nazi, der in seinen Zeitungsartikeln in den schrillen Chor der Widerspruchslosen eingestimmt hatte.

Den Westalliierten war nach dem Zweiten Weltkrieg klar, dass die deutsche Neigung, zu polarisieren und den gordischen Knoten lieber zu durchhauen, statt ihn behutsam auseinanderzufädeln, eine Gefahr blieb. Das Hauptziel der demokratischen Umerziehung bestand darin, eine andere kulturelle Praxis des Streits zu etablieren. Folglich bemühten sich die Siegermächte darum, bereits den deutschen Soldaten in den Kriegsgefangenenlagern das Gespräch als Königsweg zur gemeinschaftlichen Willensbildung schmackhaft zu machen. In der Werbung für demokratische Debattenformate manifestierte sich die amerikanische »Soft Power«.

Die Politikwissenschaftlerin Nina Verheyen hat die Versuche der Westalliierten zusammengetragen, Diskussionen als demokratische Kulturtechnik im Deutschland nach dem Krieg zu vermitteln. Sie beschreibt, wie sich in der Bundesrepublik »das diskursive Programm der Re-Education« etablierte – eine um sich greifende »Verbreitung von mündlich geführten Diskussionen als soziale Praxis der westdeutschen Alltagskultur, eine ›Diskursivierung‹ der westdeutschen Gesellschaft, die zunehmende Verbreitung und Aufwertung von mündlich geführten, argumentativen Gesprächen«.[13]

Die Saat ging auf. Das Jahr 1968 wäre schwer vorstellbar ohne die moderne Perspektive einer Verständigung, die sich nicht einfach vorgegebenen Standpunkten beugt – oder »feindliche« zu diffamieren sucht –, sondern diese Positionen im Gespräch erst mit dem besseren Argument sichert. Ihren Kulminationspunkt erreichte die Debattenkultur im Drang, alles »auszudiskutieren«, was dann in der Schülerselbstverwaltung, in der WG oder in der Politgruppe bisweilen dazu führte, dass zwar ziemlich viel geredet wurde, Ergebnisse aber auf sich warten ließen.

In vieler Hinsicht kann man sagen, dass die alte Bundesrepublik in den Jahrzehnten nach der Naziherrschaft ihren Frieden mit dem Kompromiss schloss. Die »Konsensrepublik« – wichtige Entscheidungen und Gesetze wurden in sorgsam austarierten Kompromissen zwischen Regierung, Industriellen (den »Arbeitgebern«) und Gewerkschaften ausgehandelt – florierte, solange es viel zu verteilen gab. Deutschland, das sich noch kurz zuvor zum kompromisslosen Herrn der Welt aufschwingen wollte, setzte sich erneut an die Spitze – diesmal im Bereich der Konsensbildung. Das einstige kompromisslos Direkte gehörte der Vergangenheit an.

Aber stimmt das wirklich? Manchmal überkommen mich Zweifel. So gestand mir kürzlich ein amerikanischer Freund, der lange in Deutschland gelebt hat, er habe eine Schwäche dafür, dass die Deutschen anders als die Amerikaner selten höflich schwiegen, sondern die Wahrheit sagten, selbst wenn es wehtut. Immer alles aussprechen, auch wenn es schmerzt – diese Haltung wurzelt noch fest in der Überzeugung, dass die nackte Welt – von Kultur unverhüllt, wie sie ist – in jeder Dosis das Bekömmlichste sein muss.

Die seit Jahrzehnten anhaltende Politikverdrossenheit und neuerdings das Erstarken rechtspopulistischer Parteien sprechen dafür, dass der relative Erfolg der Kompromisspolitik in Deutschland aufgebraucht ist – obwohl oder gerade weil sie vergleichsweise erfolgreich war. Die gleiche Kompromissmüdigkeit gilt in noch stärkerem Maße für die EU, in der die Mitgliedsländer gleichberechtigt zu bestimmen haben. Gerade weil die EU für viele wie die schlechte Karikatur des »Zusammenhandelns« wirkt, konnte der ehemalige Skandaljournalist Johnson bei den auf Unabhängigkeit bedachten Briten mit dem Gegenmodell des »Gewalthandelns« punkten.

Viel spricht dafür, dass sich Politikverdruss allenthalben auch deshalb breitgemacht hat, weil die politischen Kompromisse so beschaffen scheinen, dass trotzdem Stillstand herrscht. Wo zeichnet sich eine glaubwürdige Übereinkunft der Reichen mit den weniger Wohlhabenden ab? Wann sehen wir ein ernsthaftes Zugeständnis des Wirtschaftswachstums an das Überleben der Natur? Wo bleibt ein Konsens zwischen der jungen Generation, die mit einem ausgebeuteten und verseuchten Planeten allein sein wird, und ihren Eltern und Großeltern, die ein fettes Dreivierteljahrhundert genossen haben? Bei all diesen Fragen scheint es weniger voran- als zurückzugehen. Wenn angeblich so viele politische Kompromisse eingegangen werden, sich gleichzeitig aber nichts bewegt, ist etwas faul. Entweder ist zu viel Zusammenhandeln doch nicht zuträglich, oder unsere Idee, was Zusammenhandeln eigentlich bedeutet und was es erfordert, ist nicht radikal genug.

Die gegenwärtige Politikverdrossenheit hat damit zu tun, dass sich Politikerinnen und Politiker mithilfe halbherziger Deals um die oben genannten existenziellen Probleme drücken – eifrig gepusht von Lobbyisten der Firmen, die umso mehr verdienen, je weniger sich wandelt. Die Kreise der Gesellschaft, in denen Entscheidungen getroffen werden, kehren die drängenden Gegenwartsfragen nach mehr Teilhabe unter den Teppich. Sie sind nicht willens, radikale Antworten darauf zu geben. Sie lügen über das Wirkliche und das darin Notwendige. Sie verraten damit den Kompromiss.

Dieser Verrat spielt denen in die Hände, die Kompromisse nicht intensivieren, sondern abschaffen wollen. Den neuen Führergestalten fällt es leicht, ihren Anhängern zu suggerieren, dass sie selbst die Wahrheit sagten und das Establishment lüge. Denn brennende Fragen als *business as usual* abzutun heißt tatsächlich Heuchelei. Für den französischen Soziologen Bruno Latour ist es kein Wunder, dass die Menschen neuerdings politischen Hochstaplern und Verschwörungsfantasten glauben. Längst seien sie Scharlatanerie und Fantasterei von ihren Eliten gewohnt – in Form der Wachstums- und Fortschrittsslogans kapitalistischer Demokraten.[14]

Der Politikforscher Amitai Margalit hat sich so eingehend mit dem Kompromiss beschäftigt wie wohl wenige. Als Israeli ist sein Leben von dem nicht enden wollenden Palästina-Konflikt gekennzeichnet. Der schwelende Krieg hat die Bevölkerung seines Heimatlandes gespalten. Margalit treibt darum ein besonderes Interesse an, die Möglichkeiten des Zusammenhandelns zu untersuchen. Er will herausfinden, warum manche Kompromisse wenig Zustimmung erfahren und wie wir praktikable Kompromisse von solchen Arrangements abgrenzen können, die keine Gemeinsamkeit versprechen.

Margalit unterscheidet zwischen »blutleeren Kompromissen« und »Vollblutkompromissen«: Ein Vollblutkompromiss ist das, was die Spielregeln selbst, die Aufteilung der Spieler und derer, mit denen gespielt wird, neu sortiert. Vollblutkompromisse erfordern Ehrlichkeit. Blutleer hingegen sind in Margalits Augen Deals, die den Regeln entsprechen, aber das Spiel selbst nicht erneuern. Blutleere Kompromisse sind Arrangements, die an der grundsätzlichen Konfliktsituation nichts ändern.[15]

Der eigentliche Abgrund tut sich also nicht zwischen Kompromiss und radikaler Geradlinigkeit auf, sondern innerhalb dessen, was wir als Kompromiss bezeichnen. Was können wir wirklich so nennen – und was kommt zwar als einer daher, ist aber letztlich dessen Verweigerung? Die Frage, wann ein Kompromiss in Destruktivität umschlägt, hat Margalit besonders interessiert. Für ihn besteht das zentrale Unterscheidungskriterium darin, welche Kompromisse für den Frieden taugen und welche »wir auch um des Friedens willen nicht eingehen dürfen«.[16]

»Ein fauler, das heißt verwerflicher politischer Kompromiß«, so Margalit, sei »eine Übereinkunft, die ein unmenschliches Regime, ein Regime der Grausamkeit und der Erniedrigung etabliert oder stützt, also ein Regime, das Menschen nicht wie Menschen behandelt«.[17] Einen Kompromiss, der den Parteien ungleichmäßig viel abverlangt, nennt der Politologe schäbig, einen, der die Regeln der Menschlichkeit selbst unterminiert, faul. Für Margalit ist das Münchner Abkommen von 1938 der Inbegriff eines faulen Kompromisses. Hitler hatte sich zum Ziel gesetzt, die Grundlagen der Moral, nämlich die gemeinsame Menschlichkeit selbst, zu zerstören. Ein Kompromiss mit einem solchen Gegenüber ist nach Margalit um jeden Preis zu vermeiden. Auch die anderen Beteiligten verlieren dadurch ihre Fähigkeit, moralisch zu handeln.

Einen Kompromiss – und damit das Zusammenhandeln – abzulehnen, zerstört Beziehung. Einen faulen Kompromiss einzugehen, also einen Akt der Unmenschlichkeit mitzutragen, zerstört ebenfalls Beziehung. Kompromisse, die wir als faul empfinden, beruhen auf einer

verdeckten Weigerung einer oder beider Konfliktp
en, eine Beziehung einzugehen.

Margalit findet für die Frage, ob ein Kompromiss f... ist oder gerade noch tolerierbar, einen drastischen Vergleich. Ein fauler Kompromiss ist demnach wie eine »Kakerlake in der Suppe«. Einen gerade noch tolerierbaren setzt er mit einer »Fliege in der Salbe« gleich. Die Kakerlake macht die Suppe als Ganze ungenießbar, sobald wir das Insekt im Trüben entdeckt haben. Die Fliege dagegen verdirbt nur einen Teil der Salbe, den wir verwerfen können, während wir den Rest, wenn auch mit leichtem Ekelgefühl, weiter benutzen.

Der ungenießbare Kompromiss, die Kakerlake in der Suppe, ist also in Wahrheit gar kein Kompromiss, sondern verstecktes Gewalthandeln, das sich den Anschein des Versöhnlichen gibt. Damit ist diese Haltung vielleicht sogar schlimmer als die gewaltsame Ablehnung jedes Entgegenkommens. Sie verleitet nämlich Gutgläubige und Menschenfreunde dazu, sich das Äußerste abzuverlangen, um einen vermeintlichen Kompromiss am Leben zu halten, der ihnen aber letztlich nur schadet.

Ich glaube, es lohnt sich, Margalits Perspektive angesichts der Menschheitskrisen, mit denen wir konfrontiert sind, neu zu entdecken. Übertragen auf die westlichen Wohlstandsgesellschaften, die mit ihrem Fallout die Erde zerstören, müssten wir dann fragen: Wie viel systematische Unmenschlichkeit verursacht die von unseren Regimen geschaffene gesellschaftliche Segregation? Wie viel Grausamkeit entsteht aus der Behandlung anderer Lebewesen als Dinge (Stichwort »Kükenvermuser«)? Wie viel Erniedrigung bedeutet das Ausblenden der Zukunft, die unsere Kinder schon bald ertragen müssen? Dass wir diese Fragen seit Jahrzehnten so oder ähnlich stellen müssen, zeigt, dass die meisten Kompromisse, die unsere Gesellschaften zu ihrer Lösung eingehen, faul sind.

Der faule Kompromiss verletzt den Charakter von Gegenseitigkeit, den echte Beziehung verlangt. Er ist damit dem Gewalthandeln zuzuordnen. Das gilt auch für menschliche Beziehungen. Wege, mit Konflikten umzugehen, die die Verbindung zum anderen als solche infrage stellen, sind faul, ja unmenschlich, ähnlich wie entsprechende Strategien in der Politik. Arrangements, die die Basis der Menschlichkeit verletzen, sind keine Kompromisse.

4 Beziehungsstatus geändert

»Ich mach mir keinen Kopf, ich mach mein Ding«, sagt Nils. Das Werbevideo für die Dating-App Tinder zeigt Nils auf YouTube, von sanften Bässen hinterlegt, in verschiedenen Szenen mit seinen Freunden, beim Feiern, vor einem Club, auf dem gemeinsamen Automatenfoto danach, voll dabei, mit einem leicht melancholischen Gesichtsausdruck. Nice to have, der Typ. Souverän und doch einfühlsam. Total drin, und immer wieder frei.[18]

»Wenn es um Liebe geht, mach keine Kompromisse!« ist eines der Mottos, die den Tinder-Lebensstil umflattern. Keine Kompromisse, alles hundert Prozent so, wie ich das möchte. »Single, not sorry.« Das klingt wie etwas, womit man sich auf dem Sterbebett, wenn alles vorbei ist nach einem gelebten Leben, nicht grämen muss. Keine Zeit an das Falsche verschenkt. Sich selber treu geblieben, und die Lust maximal ausgekostet. »Good, clean Dating«, wie es auf einem der Kampagnenbilder heißt. Und: »Life's a game. Nach meinen Regeln.« Denn »Single lebt, wie Single will.«

Die Zweierbeziehung ist für viele Menschen der Ort,

wo sie besonders intensiv mit dem Kompromiss konfrontiert werden – mit der Hoffnung, einen solchen jeweils so zu schließen, dass sich die Beziehung vertieft. Häufig treffen sie aber auch die Entscheidung, ihn gar nicht erst einzugehen. Single, not sorry.

Die Tendenz, Kompromisse in der Partnerschaft zu vermeiden, folgt nicht allein der reiflichen Überlegung, dass Zugeständnisse einen nur von den eigenen Plänen abbringen. Sie fügt sich nahtlos in eine Kultur der vermeintlichen Selbstoptimierung, die in Wahrheit den Kampf vergöttert. Wir haben zu gewinnen, oder wir werden von den anderen, die ebenfalls kämpfen, um zu siegen, ausgeschaltet. Wer »Selbstoptimierung« betreibt, ist in dieser Konstellation im Vorteil, er übt den Präventivschlag. Kompromisse sind fehl am Platz, denn sie gewähren dem anderen, den es zu bekämpfen gilt, einen strategischen Vorteil. In einer Zeit, deren Hintergrundmetaphysik den Kampf um Dominanz zum Lebenszweck stilisiert, hat es die Liebe schwer. Ein Weltverständnis, das überall Konkurrenz sieht, die es auszuschalten gilt, und das diese Konkurrenz dadurch oft überhaupt erst provoziert, hindert uns daran, die Kunst der Gegenseitigkeit zu verstehen und zu erforschen.

Wie ein guter Kompromiss in persönlichen Beziehungen beschaffen sein kann, ist nicht nur eine Herausforderung an das eigene gelingende Leben, sondern auch ein Problem, das die seelische Gesundheit der Gesellschaft betrifft. Zwar gelten Menschen trotz der Zwänge ihrer Kultur als unmittelbar beziehungsfähig. In einer Gesellschaft wie unserer, die nach außen den Diskurs und die Debatte propagiert, die nach innen aber ein Modell des Wettkampfs, des Sieges und der Elimination kultiviert, sind sie das aber nicht unbedingt. Auch darum lohnt es sich, über den Kompromiss nachzudenken.

Nils hat kürzlich seinen Beziehungsstatus geändert. Das geschah nicht ganz freiwillig. Eher war es den Zeitläuften geschuldet, die ihn halb zogen, halb hinsinken ließen. Kurz vor dem Corona-Lockdown hatte er ein neues Date. Schon das erste Treffen war intensiver als erwartet. Statt wortlos im Bett zu landen, saßen Nils und Nina bis in die Morgenstunden in der Bar und redeten. Alles fühlte sich einfach an, sehr vertraut und doch völlig neu.

Bevor sie sich ein zweites Mal treffen konnten, setzte der Lockdown ein. Nils stand plötzlich vor der Entscheidung: die Sache stecken lassen – oder Quarantäne in der Zweisamkeit zu riskieren. Weil Nina keine Anstalten zum Exit aus dem Verhältnis machte, stand pünktlich zu Beginn der sozialen Distanzierung ihre Zahnbürste im Glas vor Nils' Badezimmerspiegel. Nils und Nina teilten sich nun die Einkaufsgänge in den Supermarkt. Statt sich in Bars oder Parks zu treffen, schauten sie sich auf dem Sofa Netflix-Serien an – und nicht einmal hier gab es größere Geschmacksunterschiede, die einen Konflikt ergeben und einen Kompromiss notwendig gemacht hätten.

Unstimmigkeiten tauchten erst auf, als Wirtschaft und Gesellschaft mit dem Ausstieg aus dem Lockdown begannen. Als Nils wieder anfing, allein seine Kumpels zum Feiern im Park zu treffen, bremste Nina. Sie machte zwar keine Szene, auch nicht den Fehler, schlecht über Nils' Freunde zu sprechen. Aber der Level des Gemeinsamen, auf dem sie sich gefunden hatten, wurde von ihr spürbar zurückgedreht, sodass Nils beim Ausgehen ein schales Gefühl beschlich. Er dachte an Nina, die ihn auf dem Sofa erwartete, süß und auch ein bisschen säuerlich. Das Gefühl dabei war nicht »good, clean«, sondern ein schwer durchschaubarer emotionaler Mix.

Hatte er sich mit der Beziehung zu Nina doch auf einen faulen Kompromiss eingelassen? Was sollte er tun? Den Beziehungsstatus wieder rückabwickeln? Nina in seiner eigenen Wohnung ghosten? Ihr Süßsauer-Sein ignorieren und sein Ding durchziehen? Seinen Standpunkt mit ihr ausdiskutieren? Allein handeln und eine Bresche in den wohligen Kokon schlagen, der ihn mit feiner Seide fesselte? Oder zusammen handeln? Aber wie würde das genau funktionieren, dieses Zusammenhandeln?

Vielleicht könnten Nils und Nina, deren Beziehung so vielversprechend angefangen hat, ein bisschen Coaching zum Kompromiss brauchen. Etwa bei den Hamburger Paartherapeuten Dieter Teschke und Anne Finne-Teschke. Die beiden haben das Zusammenhandeln zum Motiv ihrer Paarberatung gemacht. Die Teschkes gehen davon aus, dass Konflikte normal sind. Konflikte stellen die Beziehung nicht infrage, sondern sind Ausdruck davon, mit jemandem in Verbindung zu sein. Sie sind unvermeidbar, weil eine Beziehung zwei Individuen vereinigt, die jeweils unterschiedliche Bedürfnisse haben.

Erst wer einen Konflikt hat, spürt, dass er in einer Beziehung steckt. Noch radikaler drückte das in den debattenfreudigen 1970er-Jahren der Pädagoge und Kompromiss-Theoretiker Theodor Wilhelm aus: »Innerhalb einer Gruppe haben Konflikte und Kompromisse eine eher konsolidierende Wirkung.«[19] Das Dreieck aus Beziehung, Konflikt und Kompromiss hatte schon das Interesse des Soziologen Georg Simmel im frühen 20. Jahrhundert geweckt. In Simmels Augen konnte es keine Beziehung ohne Konflikt geben. Und kein Konflikt ließ sich ohne Kompromiss produktiv lösen. Für Simmel stellte der Konflikt eine Form der Sozialisation dar, die im Kompromiss davor bewahrt wurde, in Gewalt oder Missbrauch abzugleiten.[20] Der Konflikt stellt die Liebe also nicht infrage, sondern ist ein wesentlicher Teil von ihr.

Die Teschkes haben ihr paartherapeutisches Programm »Wilder Frieden« genannt, um diese zunächst paradox erscheinende Wahrheit zu betonen. Es geht um Frieden, aber nicht um Konfliktfreiheit. Mit dem Begriff

»Frieden« betonen sie bei ihrem Training der Kompromissfähigkeit eine Dimension, die auch der israelische Politikforscher Margalit ins Zentrum stellt. Für diesen geht es bei der Frage, inwieweit man sich auf einen Kompromiss einlässt, letztlich darum, »wie weit (...) wir für den Frieden gehen [können], wenn wir dafür Abstriche bei der Gerechtigkeit machen müssen«.[21]

Frieden und Gerechtigkeit sind nicht dasselbe. Gerechtigkeit ist die faire Verteilung von Gütern und Chancen zwischen den Partnern. Frieden ist der Charakter der Beziehung zwischen ihnen. Gerechtigkeit bezieht sich auf die Zuteilung von Ressourcen. Frieden auf eine gelebte Erfahrung. Frieden tritt nicht automatisch ein, wenn Gerechtigkeit erreicht ist, und er sorgt auch nicht von selbst für Gerechtigkeit. Frieden zu ermöglichen kann heißen, ein Prinzip der Gerechtigkeit, das einem heilig ist, zurückzustellen zugunsten einer Geste des Friedens.

Das Konzept »Wilder Frieden« betont den Unterschied zwischen diesen beiden Dimensionen einer Beziehung. Glückt die Beziehung, strebt diese immer neu zum Frieden. »Wild« bleibt dieser, weil beide Partner ihn andauernd wieder herstellen müssen. Die Idee der Gerechtigkeit in einer Beziehung hingegen bestünde darin, durch eine vorgeblich faire Verteilung dauerhaftes Gleichmaß zu schaffen. Weil die Bedürfnisse aber unterschiedlich sind, kann für den einen das fair sein, was sich für die andere gemein anfühlt.

Gerechtigkeit erzeugt nur einen Schein v
vität. Darum findet, wer auf ihr beharrt, oft
nen Frieden. Wer hat nicht schon einmal versu
Partnerin oder seinen Partner im Streit von ei
tiven Wahrheit zu überzeugen? Und, hat es funktioniert? Wer versucht, Gerechtigkeit durchzusetzen, läuft immer Gefahr, dem anderen etwas aufzuzwingen, das nichts mit dessen Bedürfnissen zu tun hat, sondern nur mit den eigenen. Das macht alles nur schlimmer.

Ninas Idee von Gerechtigkeit besteht darin, dass Nils weniger Kontakt zu seinen Freunden hat als zu ihr. Nils' Idee von Gerechtigkeit sieht anders aus: In Ruhe mit Kumpels feiern wie eh und je ist für ihn legitim. Wenn beide glauben, dass Frieden sich nur einstellt, wenn die Lösung eines Konflikts jeweils ihrer Idee von Gerechtigkeit entspricht, läuft das junge Pärchen in einen Dauerkonflikt von der epischen Dimension der Palästinafrage. Dann ist bald wieder »Single, not sorry« angesagt.

Wenn die beiden es aber hinnehmen, dass Frieden eine Sache des wilden Austarierens der Bedürfnisse ist, die berechtigterweise unvereinbar sind, dann haben sie eine Chance auf Harmonie. Die (bis vor Kurzem) kompromissfähigen Briten pflegen bei einer solchen Strategie zu sagen, »that we agree to disagree«. Dann müssen Nils und Nina dieses Disagreement, diese Uneinigkeit, nur noch in eine genießbare oder vielleicht sogar genussvolle Form bringen. Für den Frieden in einer Beziehung ist es also wichtig zu wissen, dass dieser nicht ewig währen kann, sondern sich immer wieder in der Wildnis verläuft – und nur im Konflikt von Neuem gewonnen werden kann.

Konflikte zuzulassen heißt, sich der Wirklichkeit zu stellen. Es führt dazu, dass man sich und dem anderen nichts vormacht oder einredet. Der Konflikt ist da und ist echt und muss angenommen werden, will man die Verbindung zum anderen nicht verlieren – und die zu sich selbst.

Philosophisch könnte man sagen, dass in dieser widersprüchlichen Konstellation unsere Conditio humana besteht, die Bedingung unseres Menschseins. So lautet der englische Originaltitel von Hannah Arendts Buch *Vita Activa oder Vom tätigen Leben.*[22] Der Einzelne entfaltet sich aus der Gesellschaft der vielen. Er bedarf ihrer und wird zugleich von ihnen behindert. Die Frage nach dem Kompromiss gehört zur Frage nach dem Menschen. Individuum zu sein und zugleich der anderen zu bedürfen ist die Bedingung, Mensch zu sein. Menschsein bedeutet, dass Einzelne immer nur in Gesellschaft vorkommen, sogar, wenn wir uns ganz vor dieser verschließen. Selbst dann beziehen wir uns geistig auf andere. Wir nehmen die Wirklichkeit durch Medien wahr, die nicht wir selbst geschaffen haben, sondern die ein Mittel der Kommunikation zwischen uns und anderen sind. Wir geben den Dingen Namen, die nicht wir erfunden haben, sondern die eine unübersehbare Menge von Sprechern gemeinsam hervorgebracht hat.

In der Conditio humana zu existieren heißt, dass etwas an unserem Leben grundsätzlich nicht in unserer Macht liegt. Hannah Arendt nannte dieses Gegebene, mit dem wir klarkommen, also immer schon Kompromisse machen müssen, unsere »Gebürtigkeit« und unsere »Sterblichkeit«. Unser Leben und sein Ende werden nicht von uns gewählt. Dieser basalen Einschränkung in der Verfügungsmacht über uns selbst, diesem schmerzenden Dorn im Fleisch unseres Single-Willens, lässt sich nicht entgehen. Unser Leben ist der Sterblichkeit geschuldet, der eigenen, aber auch der anderer.

Das gilt nicht nur für den Menschen in der Gesellschaft, sondern für alles Leben. In Anlehnung an Hannah Arendt nenne ich diese gemeinsame Angehörigkeit die »Conditio vitae«, also die Bedingtheit, die uns mit dem Leben verbindet.[23] Ihr unterliegen nicht nur Menschen. Nicht nur die Gesellschaft. Sondern alles, was lebt, vielleicht sogar alles, was existiert. Willst du du sein, brauchst du die anderen, sagt die Conditio vitae. Sie gilt für Weißdornbüsche, Uferschwalben und Kleinkinder auf einem Spielplatz in Berlin-Kreuzberg. Wir erleben die Abhängigkeit von dem, was wir nicht selbst sind, wenn wir essen, wenn wir atmen, wenn wir einen Partner wählen oder wenn unsere Kinder um Hilfe beim Sandburgbau bitten. Jedes Handeln erfordert Input von außen und somit eine Koordination von unterschiedlichen Interessen. Damit wird der Kompromiss zu einer zentralen Frage des Lebens.

Konflikte entstehen, weil unsere Bedürfnisse unterschiedlich sind, und nicht bloß dann, wenn die Lasten ungerecht verteilt sind. Bedürfnisse drücken sich in Gefühlen aus. Gefühle sind die Weise, wie wir erfahren, ob unsere Bedürfnisse erfüllt sind oder nicht. Ein Piksen im Finger bedeutet uns, dass wir das Bedürfnis unserer Haut nach Unversehrtheit mit einer Nadel verletzt haben. Ein Stechen in Nils' Seele bedeutet, dass er seinem Anliegen nach unbeschwerter Gemeinschaft mit Freunden nicht entspricht. Es geht also nicht um Ungerechtigkeit, sondern um ein Bedürfnis, das erfüllt werden möchte.

Hier kommt ein weiteres Prinzip des »Wilden Friedens« beim Hamburger Therapeutenpaar der Teschkes ins Spiel. Ihr Ansatz ist »emotionsfokussiert«. Im Zentrum steht, dass sich die Betroffenen gegenseitig zeigen, was sie tatsächlich empfinden, was sie wirklich begehren. Sie sollen weder auf ihrem Modell einer ideal gerechten Welt beharren noch den anderen möglichst dazu bringen, dieses umzusetzen. Sie sollen stattdessen erforschen, was ihre eigenen, subjektiven und damit ganz und gar legitimen Bedürfnisse sind. Sie sollen sich, mit anderen Worten, möglichst echt zeigen. Dieses Echtsein ist ein entscheidender Aspekt eines wirklichen Kompromisses. Nur wer sich wirklich sichtbar macht, kann sich mit dem anderen in der Mitte treffen.

Nils ist ein Single, der das gute cleane Date mag, weil er sich vor seinen eigenen Bedürfnissen ein wenig gruselt. Was, wenn sie ihn klein und abhängig dastehen lassen? Er versucht sich irgendwie mit Ninas Druck zu arrangieren. Vielleicht wischt er sich auch mal wieder durch das Angebot auf Tinder. Die Zeitaufteilung zwischen der Frau in seiner Wohnung und den alten Kumpels wird zu einem Kompromiss im schlechten Sinne – ein schäbiger Kompromiss, der in Wahrheit keiner ist.

Weil Nina aber spürt, dass die ganze Sache schiefzugehen beginnt, und weil sie Nils lieber zuhört als jedem anderen Mann in ihrem Leben, bucht sie ein Beratungswochenende bei Teschkes »Wildem Frieden«. Nils will zuerst nicht, aber weil er seine Gedanken lieber Nina erzählt als allen anderen Frauen in seinem Leben, willigt er schließlich ein.

Die Erfahrung ist eigenartig: Zuerst müssen beide sich überwinden, in den angeleiteten Übungen auszusprechen, was sie lieber ganz für sich behalten würden, aus Furcht, der andere könnte sie deshalb abstoßend finden. Da sind die Versagensängste, die sie am liebsten niemandem eingestehen würden, nicht einmal sich selbst. Und die Wünsche nach Angenommensein, die sie lieber verheimlichen möchten, weil sie vermutlich ohnehin nicht erfüllt werden.

Irgendwann kommt der Moment, an dem Nils und Nina miteinander feststellen, dass der jeweils andere gerade nicht so reagiert, wie sie befürchtet haben. Ihr Gegenüber wendet sich angesichts des nackten, ungeschützten, ängstlichen Bedürfnisses nicht ab. Vielmehr verspüren beide ein aktives Interesse, sich gegenseitig zu helfen, notfalls auch durch eigenen Verzicht.

Das ist die Magie der Echtheit. Sie liegt darin, dass wir Bedürfnisse anderer, die ohne Hintergedanken offen und verletzlich zum Ausdruck kommen, nicht nur verstehen – wir wollen auch dazu beitragen, sie zu erfüllen. »Natürliches Geben«, nennt der Psychologe Marshall Rosenberg diesen Drang.[24] Er hat darauf eine eigene Methode zur Konfliktlösung gegründet, die »Gewaltfreie Kommunikation«. Man lernt mit ihr, die eigenen Bedürfnisse auszudrücken und den (oft versteckten und tragisch verunglückten) Ausdruck dieser Bedürfnisse beim anderen zu erfassen.

Werden die Bedürfnisse des anderen erkannt, so Rosenbergs Beobachtung, ist der Kompromiss schon nicht mehr weit. Der Partner, der eben noch ein Gegner war, schlägt ihn manchmal sogar selbst vor. Das wirklich Schwierige ist, den eigenen Schutzpanzer zu öffnen. Wenn uns das gelingt, wenn wir also aus dem Modus des Gewalthandelns ausgetreten sind, ergibt sich das Zusammenhandeln fast von allein.

Worauf Nina und Nils beim Erkunden ihrer Gefü
stoßen sind, ist im Sinne des Politikforschers Ma
ein »Vollblutkompromiss«: die echte Anerkennung
Standpunkts des anderen.[25] Hat man die gemeinsame Ebene geteilter Menschlichkeit gefunden, wird es möglich, von seinen individuellen Zielen abzuweichen. Die gemeinsame Ebene ist im Fall der Beziehung zwischen Nils und Nina das geteilte Interesse, dass es dem anderen an ihrer Seite gutgehen soll. Aber das war ihnen vorher nicht so klar.

Erst am Therapiewochenende bei den Teschkes erkennen sie, dass es ihr tiefer Wunsch ist, dass der andere sich in seiner lebendigen Individualität entfaltet, so wie sie sich das auch für sich selbst wünschen. Etwas Höheres als das Durchsetzen der eigenen Ziele taucht plötzlich auf, und beide wollen sich dafür engagieren.

Bei einem politischen Kompromiss wäre dieses Höhere etwa das Bedürfnis, dass Menschen unterschiedlicher Interessen zusammenleben können, ohne einander fürchten zu müssen. Ein solcher Kompromiss ist das bereits genannte »Handeln um des Friedens willen«, von dem Margalit spricht. Der Politologe propagiert damit eine Haltung, die er ursprünglich schon im Talmud beschrieben findet. Ähnlich wie Rosenberg beobachtet er, dass es manchmal schwerer ist, »die andere Seite als legitimen Verhandlungspartner anzuerkennen, als dann tatsächlich zu einer Übereinkunft zu gelangen«.[26]

Weil es ein so starkes Erlebnis ist, plötzlich den Wunsch in sich zu verspüren, dem anderen seine Bedürfnisse erfüllen zu helfen, stellt man auch das Urgestein der eigenen Grundsätze zur Disposition. Davon sind die Beteiligten oft selbst überrascht. Auch, weil dieser spontane Wunsch zu helfen sich nicht wie ein zähes Zugeständnis anfühlt, sondern wie eine Befreiung. Ein Umschwung findet statt: Den Beteiligten wird klar, dass sie nicht zugleich glücklich gemeinsam leben und über den anderen bestimmen können. Eine Erkenntnis, die meist eine Erleichterung bedeutet. Sie nimmt den Druck aus dem eigenen Handeln. Denn, so Margalit, erst die »Überzeugung, alles gewinnen zu können, nährt die Auffassung, daß jeder Kompromiß Kapitulation bedeute«.[27]

Kompromisse sind also mehr als Lösungen. Sie erlauben grundlegende Einsichten in die Natur eines Konflikts und damit in unsere eigene Natur. Ein Kompromiss ist kein Deal, sondern in ihm werden sich die Konfliktparteien dessen inne, was sie brauchen. Er ist damit eher eine Form von Verstehen als ein Werkzeug zum Ausgleichen (oder Übertünchen) von Gegensätzen. Gelingt ein Kompromiss, ist das angestrebte Ziel nicht mehr wichtig, weil ein neues Gleichgewicht gefunden wurde, von dem aus die Welt wieder lebbar erscheint. Weil im Kompromiss Beziehungen in ihrem Charakter deutlich werden, lassen sie sich ändern.

Der Kompromiss bedeutet also keineswegs Resignat sondern im Gegenteil die aktive Gestaltung der Wirklichkeit. Den Kompromiss zu begrüßen ist der Abschied vom imaginären Paradies. Es ist richtig, vom Paradies zu träumen, aber falsch, dieses auf der Erde installieren zu wollen, im Großen wie im Kleinen.

Dieter Teschke und Anne Finne-Teschke setzen im Rahmen ihres Coachings deshalb auch ein Mittel ein, das den Teilnehmern dabei hilft, ihren Traum vom Paradies aufzugeben. Die Paare erfahren, dass das, was sich zunächst wie die Kapitulation vor dem eigentlichen Lebensziel anfühlen mag, oft der wohltuende Abschied von einer nie zu realisierenden Fantasie ist. Um diese Fantasie einmal auszusprechen, dürfen die Kompromisse suchenden Partner während des Coachings einander jene Wünsche gestehen, die ihnen die Fee im Märchenland erfüllen würde.

So sehnt Nina sich im Innersten danach, dass Nils sie überallhin mitnimmt und dass er sich für niemand anderen interessiert. Sie möchte seine Königin sein. Nils wiederum träumt davon, dass Nina, gleich, was er tut und wie weit er sich dabei entfernt, immer die wohlwollende, interessierte, gütige Partnerin bleibt, der er von seinen Abenteuern erzählen kann. Schon während sich die beiden diese Wünsche schildern, müssen sie lächeln. Ihnen wird klar, dass eine solche kompromisslose Bejahung durch den anderen unmöglich ist. Sie können sich von dem Traum verabschieden. Die beiden haben ihn sich gegenseitig gestanden, unter Tränen und Lachen, und müssen ihn nicht mehr zum Ziel eines Umerziehungsprogramms machen.

Manchen fällt es freilich schwer, den Traum davon, was das eigene Ich verdient, aufzugeben. Was für die einen die lieb gewonnene Fantasie vom Paradies ist, funktioniert für andere als existenzieller Selbstschutz. Manche Menschen wurden so tief verletzt, dass sie ihre Echtheit vor sich verstecken. Das ist ein Symptom unserer in der Tiefe dem Kompromiss feindlichen Gesellschaft. »Wir sind dazu erzogen worden, das Ja in uns selbst, unsere tiefsten Sehnsüchte, zu fürchten«, sagt die afroamerikanische Dichterin und Feministin Audre Lorde.[28] Wenn die Bedürfnisse nicht ans Tageslicht dürfen, ist mit ihnen auch kein Kompromiss möglich.

Die Traumatisierten, die Bindungsgestörten, die Narzissten und Soziopathen glauben, ihr Ich unbedingt verbergen zu müssen. Wird es in einer Beziehung infrage gestellt – bei der Suche nach einem Zusammenhandeln –, erfährt der Partner den anderen als Widersacher, der gemieden oder sogar bekämpft werden muss. Wenn wir nie die Erfahrung gemacht haben, dass jemand zu unseren Gunsten Kompromisse mit seinen Zielen geschlossen hat, dann stellt jeder eigene Kompromiss – jede Echtheit – für uns eine akute Bedrohung dar. Dann ist jener fast mystische Schritt, der den Kompromiss von einem lästigen Zugeständnis zu einem Herzensanliegen macht, schwer nachvollziehbar. Jeder Kompromiss bedeutet dann einen Angriff auf das Ich, das sich hinter einer Fiktion von Macht verschanzt.

In ihrer emotionalen Erstarrung neigen traumatisierte Menschen dazu, nur schwarz-weiß zu sehen. Kompromisse existieren nicht. Andere sind entweder bedingungslos auf ihrer Seite oder gegen sie. Was für Nina ein Konflikt ist, den sie zu lösen versucht, ist für Nils eine Kriegserklärung. Traumatisierte sind – jedenfalls unter Stress – nur zu Gewalthandeln in der Lage, nicht zum Zusammenhandeln.

Mitunter bieten sie auch zum Schein Zusammenhandeln an und verschaffen sich gerade so die Möglichkeit zum Gewalthandeln. Während der überzeugte Konfliktpartner sich auf dem Mittelweg bemüht, sucht der andere weiter nach Möglichkeiten zum Sieg. Aber er beteuert die ganze Zeit, Zugeständnisse zu machen. Mit diesem Theater setzt er den anderen unter Druck. Darum gedeihen Menschen wie Trump so sehr im Chaos: Es erlaubt ihnen, ihre wahren Motivationen zu verbergen. Sobald sich jemand über sie beklagt, stellen sie sich als Opfer dar, das alles für den Kompromiss tut, aber zurückgewiesen wird. In Wahrheit aber interessiert sie nur der Sieg.

Begegnet man – in der Politik oder in der Liebe – einem solchen Konfliktpartner, ist der Punkt erreicht, wo das »Handeln um des Friedens willen« gebietet, *keinen* Kompromiss zu schließen. Denn dieser wäre immer nur ein Arrangement mit einem Gegenüber, das in Wahrheit den Grundsatz des Zusammenhandelns verachtet, die Verankerung im menschlichen Bedürfnis, in echten Beziehungen auf Augenhöhe zu leben. Hier bedeutet Echtsein, den Kompromiss abzulehnen, notfalls um den Preis des Kampfes.

Das ist eine wichtige Erkenntnis für eine Beziehung, aber auch für die politische Arbeit. Wenn so viele Kompromisse heute faul sind – also unmenschlich –, müssen wir uns wohl oder übel dazu durchringen, sie abzulehnen und für echte Beteiligung zu kämpfen.

5 Kapitalismus als Kriegszustand

Pünktlich am Samstagabend vor Pfingsten läuft der Ausguss in der Küche über. Er hat zwar schon ein paar Wochen lang verdächtig gegurgelt, wenn Waschmaschine oder Geschirrspüler ihren Inhalt in den Siphon pumpen, aber ich habe nicht viele Gedanken daran verschwendet. Never change a running system. Nun aber muss etwas passieren. Dass auch das Bad betroffen ist, bemerke ich beim Zähneputzen, als trübe Flüssigkeit im Waschbecken emporsteigt. Ich kann meine Frau gerade noch vom Duschen abhalten.

Wie sehr »fließend Kalt- und Warmwasser« unsere existenziellen Bedürfnisse stillt, bemerke ich im vollen Ausmaß am nächsten Morgen. Wohin mit der alten Suppe? Wo die Espressomaschine auswaschen? Bald haben wir ein System mit Eimern und Schüsseln etabliert, so wie Menschen in Ländern, wo das Wasser nur aus einem Brunnen oder Bach kommt und wo es keine Kanalisation gibt. Immerhin läuft unsere Toilette ab, sonst müssten wir ins Hotel umziehen.

Gegen Mittag an Pfingsten fällt mir ein, dass die

Hausverwaltung einen Notdienst unterhält. Das ist die Rettung! Ich wähle die Nummer und lande auf einem Tonband. Es gehört nicht der Wohnungsgesellschaft, sondern einem Serviceunternehmen. Ich hatte erwartet, das Handy eines Mitarbeiters der Verwaltung zu erreichen. Die Service-Firma spielt einen Text ab, bei dem mein Herz sinkt. »Sie rufen wegen einer Havarie an«, sagt eine Frauenstimme. »Eine Havarie bedroht den Bestand des Objektes oder das Leben der Mieter. Wenn Sie in der Leitung bleiben, verpflichten Sie sich, für die Bearbeitungsgebühr aufzukommen, falls Ihr gemeldeter Schaden keine Havarie ist.« Wie bitte? Ich drücke schnell die rote Taste. Muss ich schon zahlen?

Mutlosigkeit beschleicht mich. In der Küche räume ich den Schrank unter der Spüle leer und beginne die Rohre zu demontieren. Eigentlich wartet ein Buch darauf, geschrieben zu werden. Aber ich weiß mir zu helfen, denke ich. Als freier Autor entwickelt man beträchtliche DIY-Fähigkeiten. Mein Laptop ist zehn Jahre alt, hat die zweite Tastatur, die dritte Batterie, einen neuen Lautsprecher rechts und ein tief in den elektronischen Eingeweiden neu fixiertes Bildschirmkabel. Wer kein Gutverdiener ist, muss Handwerker sein.

Die nette Nachbarin bringt einen speziellen Schlauch, um das Rohr zu spülen. Der führt aber nur zu einer Überschwemmung. Am Nachmittag sehe ich ein, dass ich es nicht schaffe. In diesem Moment wird mir klar, dass etwas nicht stimmt. Wo ist der Hausmeister? Es gibt keinen. Das war mir noch nie aufgefallen. Es gibt nur die Havarie-Firma, die vielleicht schon mein Geld abgebucht hat. Ein Hausmeister, dieser griesgrämige Typ, der in einer Erdgeschosswohnung gegen wenig Miete wohnt und in solchen Fällen murrend mit seinem Werkzeugkasten zu Hilfe kommt, ist eingespart. Stattdessen bietet man mir eine Dienstleistung. Diese ist so konzipiert, dass für den Anbieter null Risiko besteht – und ich mir mein Risiko nicht leisten kann. Der freie Markt hat die Definition der Hilfeleistung übernommen. Sie lautet: Sorge für dich selbst, es gibt nichts umsonst.

Der klassische Hausmeister ist der Kompromiss der Wohnungsgesellschaft mit den Bedürfnissen der Mieter und der Eigentümer. Er wird nicht pro Stunde honoriert, sondern kostet die ganze Zeit Geld. Dafür ist er zur Stelle, wenn man ihn braucht. Auch am Sonntagabend. Er hat einen essenziellen Job. Und gerade darum rechnet er sich nicht. Auf dieses Rechnen zu pfeifen, damit der Hausgemeinschaft geholfen werden kann, darin bestünde der Kompromiss. Doch solche Kompromisse sind nicht mehr üblich. Wer an ihnen festhält, steht irgendwann so schlecht da, dass die eigene Existenz gefährdet ist. Den Kompromiss muss am Ende ich eingehen, einseitig, weil ich der Letzte in der Kette bin. Der Kompromiss, zu dem ich genötigt werde, ist faul. Der Rohrdienst kommt schließlich am Donnerstag nach Pfingsten.

Der Kapitalismus ist eine Kulturform, die den Kompromiss aus Prinzip bekämpft. Das Zusammenhandeln steht dem freien Markt entgegen, weil dieser das Alleinhandeln belohnt. Ich habe die Geschichte erzählt, um zu zeigen, wie selbstverständlich es geworden ist, dass Kompromisse ausgeschlossen sind und mit uns entsprechend unerbittlich umgegangen wird. Oft spüren wir das kaum noch, weil wir uns gegen die Enttäuschung anästhesiert haben. Ich mache es eben selbst heil. Oder zahle – wenn ich kann. Der Kapitalismus verweigert die Kompromisse, die wir um der guten Beziehung willen gern schließen würden. Und er gaukelt uns dabei vor, dass dies zum Wohle aller sei. Die Ideologie, die unsere Welt am Laufen hält, führt Krieg gegen den Kompromiss. Dabei aber tut sie so, als wäre das Gegenteil der Fall.

Die Grundidee des Kapitalismus besteht darin, dass die Welt für alle besser wird, wenn die Einzelnen ihren Egoismus ausleben. Er propagiert somit das Gewalthandeln (den Egoismus der Starken), behauptet jedoch, dass damit ein Kompromiss erreicht werde (die Beteiligung auch der Schwachen). Dieser Kompromiss ist faul. Man könnte sogar sagen: Der Kapitalismus selbst ist der faule Kompromiss, der unsere Kultur beherrscht. Das Faule besteht darin, dass die Verteidiger des freien Marktes zwar behaupten, sie würden die Bedürfnisse der Benachteiligten wahrnehmen, aber so handeln, dass sie diese Bedürfnisse gar nicht berücksichtigen können.

Die Verfechter des Kapitalismus beschwichtigen immer noch damit, dass Wachstum, Gewinne und Bereicherung nötig seien, damit genug »Wohlstand« nach unten durchsickere. Vielleicht haben das einige von ihnen eine Weile selbst geglaubt. Spätestens seit der Bankenkrise von 2008 steht freilich fest, dass das nicht funktioniert. »Die Ziele der Reichen als die besten Mittel zur Armutsbekämpfung zu propagieren hat den Gesellschaftsvertrag völlig zerstört«, sagt der New Yorker Juraprofessor und UN-Sonderberichterstatter für extreme Armut und Menschenrechte, Philip Alston.[29]

Aber diese Erkenntnis wird weitgehend ignoriert. Wir stecken also in einer doppelten Klemme. Der Kapitalismus ist kompromisslos, weil er das Recht des Stärkeren bevorzugt. Das ist das eine Problem. Und er behauptet, gerade dadurch einen Ausgleich zwischen den Interessen der wenigen und denen der vielen zu schaffen. Das ist das zweite Problem. Vielleicht wiegt das zweite Problem noch schwerer, denn es vernebelt das erste.

Wir haben schon gesehen: Die größte Gefahr für den echten Kompromiss ist nicht das blanke Gewalthandeln, sondern der faule Kompromiss, der vorgibt, von Herzen gemeint zu sein. Genau auf diesem Geschäftsmodell aber beruht der Kapitalismus. Er ist damit nicht weniger toxisch als das Münchner Abkommen, das Amitai Margalit, wie schon erwähnt, als Beispiel für die Art von faulem Kompromiss heranzieht, die wir unbedingt vermeiden müssen. Wir dürfen nicht mit jemandem paktieren, der das Paktieren als solches ablehnt. Was unser Verhältnis zum Kapitalismus angeht, heißt das: Wir dürfen keine Kompromisse mit einer Weltsicht machen, die den Kompromiss als solchen nicht nur ablehnt, sondern auch noch dazu benutzt, um alles, was lebendig ist und echte Bedürfnisse hat, in sich einzusaugen.

Der Denker Georg Simmel erklärt in seinem einflussreichen Werk *Soziologie* den Kompromiss zum einzigen Mittel, den gewalttätigen Kampf zu verhindern.[30] Entscheidend scheint mir dabei freilich, ob dieser Kompromiss von Herzen kommt, ob er als Gelegenheit verstanden wird, sich echt zu geben, und ob er auch dem anderen diese Chance einräumt. Erst das befreit von der Notwendigkeit, die eigene Position durchzufechten, wie sich beispielhaft bei der Paartherapie gezeigt hat. Mit einem schäbigen oder faulen Kompromiss lässt sich ein Gewaltausbruch vielleicht hinauszögern. In solchen Formen des Arrangements glimmen jedoch Konflikt und Streit unter der Oberfläche weiter und verursachen Leid, das mit der Zeit nicht schwindet, sondern wächst. Scheinkompromisse stoßen die Konfliktpartner in einen noch tieferen Antagonismus, weil sie eben gar keine Kompromisse sind. Sie sind verkapptes Gewalthandeln.

Der Kapitalismus ist also eine Form von Gewalt. Das liegt an seiner Definitionshoheit über die Wirklichkeit.

Ökonomisches Denken erscheint oft wie das letzte Wort darüber, wie Beziehungen funktionieren und wie Dinge verteilt werden. »Die Welt ist ein brutaler Ort«, »Jeder ist ein Egoist«, »In der Natur herrscht dauernder Wettkampf« – solche Sätze wirken wie erdrückende Wahrheiten, obwohl es Behauptungen sind. Wer bestimmt, was als Wahrheit gilt, hindert jedoch andere daran, echt zu sein. Dadurch vereitelt er von vornherein einen möglichen Kompromiss. Wenn das vorgegebene Weltbild bestimmte Standpunkte, Ansichten und Bedürfnisse nicht vorsieht, haben die Konfliktpartner keine Chance, sie für sich zu beanspruchen.

Ein auf solcher Grundlage stehender Kompromiss ist faul, weil Teile der Wirklichkeit ausgeschlossen wurden. Wer tiefempfunden altruistisch handelt, dem wird von Vertretern einer kapitalistischen Weltsicht rasch unterstellt, ein Träumer zu sein. Ein solcher Mensch gilt nicht mehr als kompetent. Sein Standpunkt in einem Konflikt, seine persönliche Echtheit, fällt dadurch unter den Tisch.

Ideologien erlauben keine Alternative zu ihrer Weltbeschreibung. Aus Sicht der in ihrem Namen Herrschenden steht fest, wie ein Konflikt beizulegen ist. Sie akzeptieren die Vielstimmigkeit der Wirklichkeit nicht. Ideologien legen es auf Gewalthandeln an. Sie täuschen mit ihrer Deutungshoheit über die Pluralität der Welt hinweg und verwenden diese Täuschung dann dazu, alle, die anderer Meinung sind, zu disziplinieren und ruhigzustellen.

Die Weigerung, einen wirklichen Kompromiss einzugehen und Zusammenhandeln gar nicht erst zu versuchen, weil die eigene Weltsicht als überlegen vorausgesetzt wird, ist ein Akt der Kolonisierung. Dieses Verhalten entspricht dem der Eroberer, die in der frühen Neuzeit Kontinente außerhalb Europas besetzten und glaubten, alles besser zu wissen als die Angehörigen der Kulturen, die sie vorfanden.

Kompromisslosigkeit kolonialisiert die Wirklichkeit. Sie missbraucht andere mit der Rechtfertigung, dass diese ein falsches (ein »primitives«) Verständnis der Welt hätten. Sie setzt Eckwerte, die nicht verhandelbar sind. Der Rahmen möglicher – fauler –Kompromisse ist damit abgesteckt, aber er ist eben von vornherein unzureichend. In eine solche Situation bringt uns der Kapitalismus. Es kennzeichnet unsere Zeit, dass Akteure sich verhandlungsbereit geben, aber gleichzeitig die eigenen Grundsätze nicht zur Diskussion stellen. In der lebenswichtigen Debatte über die Frage, wie Teilhabe für die ausgeschlossenen Menschen und nichtmenschlichen Wesen erreicht werden kann, bezieht der Kapitalismus eine Reihe von Positionen, die sich zwar als Kompromisse ausgeben, seinen Konfliktpartnern jedoch keinen Raum zum Atmen lassen. Unser Weltbild beruht auf Scheinkompromissen, die Zusammenhandeln im Grunde nicht bloß verhindern, sondern zerstören.

Das Credo des Kapitalismus ist die »unsichtbare

Hand«, die alles gerecht verteilt, wie sie der Philosoph und Ökonom Adam Smith im 18. Jahrhundert propagierte. Das Grundprinzip des Wirtschaftsdenkens besteht darin, dass wir nicht teilen sollen, um ausgerechnet so größere Teilhabe zu ermöglichen. Dadurch hat sich eine Phalanx von Konflikten aufgetürmt, die alle etwas mit Teilen und Teilhaben zu tun haben. Es sind Kontroversen über den Zugang zu Ressourcen, zu politischer Mitbestimmung, und darüber, inwieweit die eigene ethnische und geschlechtliche Identität im Zusammenleben anerkannt wird. Oder es geht, wie beim Klima, um die mit den nichtmenschlichen Lebewesen geteilte Atmosphäre. All diese Auseinandersetzungen drehen sich um Beteiligung und damit um Beziehung.

Die gemeinsame und auf Gegenseitigkeit beruhende *Beteilig*ung ist der Kern von Beziehungen. Die *Verteilung* – die Aufteilung von Gütern, Ressourcen, Nahrung, Genussmitteln – folgt erst daraus. Der Kapitalismus mit seiner Verheißung, dass bei weiterem Wachstum mehr Dinge zu verteilen wären, konnte das Problem der Beteiligung nie lindern, weil er im Kern auf die Auflösung von Beziehungen, auf die Reduktion von Beteiligung, angelegt ist. Sein Prinzip beruht auf Wachstum, das nur gelingen kann, wenn ein Konkurrent aus dem Feld geschlagen wird oder wenn jemand anders dafür mit einem Verlust bezahlt. Darum lernen Führungskräfte, dass Kompromiss Schwäche bedeutet. Geld kann einen davon freikaufen, sich zu arrangieren oder Abstriche zu machen. Der Oligarch hat keinen Kompromiss nötig. Je ärmer man ist, desto größer sind die nötigen Zugeständnisse. (Sie zwingen etwa zum S-Bahn-Fahren in Corona-Zeiten, wo angesichts häufig junger Männer, die das Tragen von Gesichtsmasken verweigern, der Begriff »Manspreading« eine ganz neue Dimension angenommen hat.)

Mit dem Kapitalismus ist eine Idee der Verteilung von Gütern und Lebensmöglichkeiten entstanden, die im Unterschied zu allen anderen Ideen vorher, und seien sie noch so ungerecht gewesen, keinerlei Verpflichtung zum Teilen mehr vorsieht. Die mittelalterliche Ständegesellschaft hatte ihre Regeln, nach denen auch der Privilegierte etwas abgeben musste. Die Prinzipien von Stammesgesellschaften sehen vor, dass alles zwischen allen verteilt wird. Der Kapitalismus hingegen verspricht, ausgerechnet durch die Verweigerung des Teilens jedes Übel zu lindern.

Dadurch verschlingt der Kapitalismus alles, was zu Kompromissen bereit ist. Er nährt sich von Leben, weil es auf Beziehung beruht. Der Markt saugt die Energie derer auf, die nicht anders können, als Leben zu spenden, der »Care-Worker«, der Engagierten, der Mütter, Väter, Pflegenden und Gebenden. Der Kapitalismus zwingt allen, die willens sind, Kompromisse einzugehen, faule Deals auf und beutet ihre Kooperationsbereitschaft aus. Sein eigentlicher Charakter ist der Krieg. Wir befinden uns im Kriegszustand, während wir einander suggerieren, tolerant und verhandlungsbereit zu sein.

Kein Wunder, dass der Hang zum Kompromisslosen auch im Privatleben vorherrscht. Die heimliche Leitmetapher unseres Zeitalters ist nicht länger wie in der Epoche der Maschinen und der Mechanik das Uhrwerk, sondern das »swipe left«, das »Entfreunden« und der Sturz ins Nichts, das Tilgen jeglicher Partizipation. Eine der stillen Übereinkünfte, die diesen Krieg möglich machen, lautet, dass die sichtbaren Opfer keine Menschen sein dürfen – jedenfalls keine weißen Angloeuropäer. Stattdessen richtet sich die Gewalt gegen die anderen Lebewesen und gegen die Menschen, die nicht die passende Hautfarbe haben oder nicht den »globalen Norden« bewohnen.

Was die Krisen der Natur und der Zivilisation dieses Planeten betrifft, so hat ein Dreivierteljahrhundert des vorgeblich konstruktiven Handelns die grundsätzlichen Zerstörungen nicht stoppen können, ja, sie im Gegenteil sogar durch genau jene Halbherzigkeit verschlimmert, mit der ein schäbiger Kompromiss oder ein Kompromiss mit dem Unmenschlichen das stützt, was ein Vollblutkompromiss beseitigen sollte.

Jahrzehnte des Kampfes um Mitbestimmung seit dem Beginn der Bürgerrechtsbewegung und dem erwachenden ökologischen Bewusstsein in den frühen 1960er-Jahren haben nur kleine Fortschritte gebracht, während das Desaster insgesamt größer wurde. Der Grund dafür liegt darin, dass die meisten der verhandelten Kompromisse keine waren, weil sie das Fundament der hegemonialen Verhandlungsposition nicht infrage stellten.

Warum ist »Nachhaltigkeit« zu so einer traurigen Worthülse geworden? Weil die fatale Grundannahme, wonach diese Welt durch geschicktes Arrangieren ihrer Objekte zu verbessern sei, darin nicht angetastet wurde. Dabei ist sie es, die die Zerstörung unserer Umwelt maßgeblich verursacht. Aber sogar viele Nachhaltigkeitsverfechter betrachten die Welt als Ansammlung von Dingen, als »Ressource«. Manche Naturschützer plädieren für die »Monetarisierung« der Natur und verrechnen »Ökosystemdienstleistungen« auf dem Markt der Biosphäre. Das ist der ultimative Erfolg der Kolonisation: Der Beherrschte misst sich und die anderen mit dem Maßstab des Herrschenden. Der Kolonialisierte setzt die Kolonialisierung in sich selbst fort und erzeugt neue Opfer, mag er auch nach außen hin etwas ganz anderes propagieren. Gewalthandeln hat immer etwas Ansteckendes: Es produziert Gewalt.

Die nigerianisch-finnische Aktivistin und Bloggerin Minna Salami beschreibt die westliche Kultur, die den Kapitalismus als Ultima Ratio betrachtet, als »Europatriarchismus«.[31] Der portugiesische Soziologe Boaventura de

Sousa Santos spricht vom »kognitiven Imperium des Westens«.[32] Zu den Fundamenten, auf denen dieses Imperium ruht, gehören die Annahmen, dass Menschen rationale Akteure seien, dass die Welt aus Objekten bestehe und dass wir ständig gegeneinander um diese Objekte kämpfen.[33] In diesem irdischen Wettkampf geht es letztlich um Erlösung. Ziel ist, den Kampf zu gewinnen, um so von der Möglichkeit des Scheiterns errettet zu werden. Durch einen Sieg verhindern wir, selbst zu einem hilflosen Objekt zu werden, also letztlich zu sterben.

Ursprünglich war in der Mythologie des Westens mit diesem Tod die ewige Verdammnis im Fegefeuer gemeint. Heute, lange nach dem »Tod Gottes«, soll der wirkliche Tod vermieden werden – sowie alles, was mit ihm zusammenhängt, also Verletzlichkeit, Entbehrung und Niederlage. Technologie dient letztlich diesem Ziel. Aber sie hilft uns nicht wirklich, dem Tod zu entkommen. Wir können ihn nur aufschieben, so gut wir uns auch durch Technologien und Produkte absichern. Dieses Aufschieben ist kein Kompromiss mit der Endlichkeit und Unsicherheit der Existenz. Es verleugnet sie – und wälzt die Lasten auf solche Menschen und Wesen ab, die sich nicht wehren können.

Die Vorstellung, dass die Welt ein erbarmungsloser Kampfplatz sei, ist seitens des »Europatriarchismus« kaum verhandelbar. Was nicht verhandelbar ist, fällt aus dem Zusammenhandeln und kann nicht als Material für einen Kompromiss dienen. Es reiht sich, wie Margalit beobachtet, in den Bestand des »Heiligen« ein, bei dem es keine Zugeständnisse geben kann und dessen Verteidigung Gewalthandeln legitimiert.

Wer Kompromisse anbietet, aber seine Zielsetzungen nicht zu ändern bereit ist, wirkt toxisch. Er zögert mögliche Lösungen so lange hinaus, bis den frustrierten Opfern der Sinn nach Gewalt steht – und beschuldigt diese dann als Terroristen. Die Versprechen des Westens entpuppen sich letztlich als »Doublebinds«, als versteckte Doppelbotschaften: Das offizielle Bild täuscht über das, was eigentlich vorgeht, hinweg. Ein Doublebind ist faul. Er führt zu einer Fortschreibung der Probleme im Namen der Lösung.

»Wir können das Haus des Herren nicht mit den Werkzeugen des Herren abreißen«, sagte Audre Lorde bei einem Vortrag in New York in den 1980er-Jahren. Das heißt: Wenn wir die Bestie des Marktes bändigen wollen, dürfen wir um des Friedens willen – ja um des Lebens willen – nicht den faulen Kompromiss des Kapitalismus aufrechterhalten. Wir können die Zerstörungen des Marktes nicht mit Marktmitteln reparieren. Wir können unsere Care-Arbeit nicht durch eine Ausweitung des Service-Sektors organisieren. Wir können die Natur nicht schützen, indem wir sie als »grüne Dienstleistung« verstehen. Wir müssen uns dem Kapitalismus verweigern, damit wir überhaupt wieder in der Lage sind, Beziehungen zu entdecken, die nicht der Logik der Bereicherung folgen. Diese Weigerung verlangt jedoch Mut. Schließlich muss sie mit der Versprechung des Kapitalismus brechen, dass er uns von den Leiden des unvollkommenen Lebens erlösen kann.

6 I can't breathe

Am 13. Mai 1985 um 17.57 Uhr hebt ein Polizeihubschrauber in den Nachmittagshimmel über Philadelphia ab. An Bord ist außer den Piloten der Leiter des Bombenentschärfungskommandos der Polizei. In einem olivfarbenen Lederranzen trägt Frank Powell eine aus C4-Sprengstoff gefertigte Bombe bei sich. Ähnliche Explosivsätze wurden im Vietnamkrieg zu Tausenden abgeworfen. Als er seine Anweisungen erhielt, erinnert Powell sich später, habe er gedacht: »Wow. Ihr wollt, dass ich *das* tue?«[34]

Der Hubschrauber knattert niedrig über ein von Afroamerikanern besiedeltes Wohngebiet. Alte Gebäude drängen sich hier Wand an Wand, schmale Reihenhäuser aus Holz und Ziegeln mit einer Veranda auf weißen Säulen, wie sie viele gewachsene Stadtkerne in den USA kennzeichnen. Über dem Dach der Nummer 6221, Osage Avenue, öffnet Powell die Schiebetür des Hubschraubers, lehnt sich aus dem Fluggerät, aktiviert den Zünder der Bombe und lässt sie fallen. Der Sprengsatz explodiert auf dem Obergeschoss des Gebäudes. Sofort umhüllt ein

Feuerball das Haus und greift in kürzester Zeit auf die angrenzenden Bauten über.

Die Bombe tötet elf schwarze Amerikaner, fünf davon Kinder. Nur zwei Menschen können sich aus dem bombardierten Haus retten. Die Bombardierten sind Anhänger der Gruppe MOVE, die ihren Kampf für die Befreiung der Schwarzen mit dem Eintreten für eine ökologische Lebensweise verbinden. Sie hatten sich in dem Gebäude verbarrikadiert. Beim Versuch der Polizei, das Haus zu stürmen, war es zuvor zu Schusswechseln gekommen. Nach dem Luftangriff befiehlt der Polizeichef Philadelphias, das Feuer brennen zu lassen. Es legt zwei Straßenzüge mit insgesamt 61 Wohnhäusern in Schutt und Asche und macht 251 vor allem schwarze Bürger obdachlos.

Der damalige Bürgermeister, der die Gesamtverantwortung für die mörderische Aktion trug, Reverend Wilson Goode, ist selbst afrikanischer Abstammung. Bis heute hat er mehrfach für die Handlungen um Verzeihung bei den Bürgern gebeten, auch wenn er immer wieder betont: »Es kann niemals eine Entschuldigung dafür geben, einen Sprengsatz aus dem Hubschrauber auf ein Haus mit Männern, Frauen und Kindern zu werfen.«[35] Es war gleichwohl nicht das erste Mal, dass schwarze Wohnviertel bombardiert wurden. Bereits 1921, beim Massaker von Tulsa, Oklahoma, hatte der zum Lynchen ausgezogene Mob Dynamit auf Häuser abgeworfen, die von Afroamerikanern bewohnt wurden. Auch dort brannte ein ganzes Stadtviertel ab.[36]

Ich schreibe diese Zeilen im Juni 2020, am Morgen nach dem »Juneteenth«, dem Gedenktag der Sklavenbefreiung in den USA. Ich schreibe, während die »Black Lives Matter«-Proteste nach dem Mord am Afroamerikaner George Floyd durch einen Polizisten mitten in der Corona-Pandemie Millionen von Menschen auf die Straße bringen. Die Situation der Schwarzen in den USA, die vielfach faktisch noch in einer Art von Versklavung leben, berührt das Zentralthema dieses Buches. Wie können Beziehungen so gestaltet werden, dass es zu einer Einigung auf einen gemeinsamen Mittelweg kommt? Wie ist ein echter Kompromiss, ein Vollblutkompromiss, in einer gespaltenen Gesellschaft möglich? Nur durch die Suche nach einer Antwort auf diese Frage lassen sich Auswege aus Problemen finden, die seit Jahrzehnten schwären und trotz vieler Versuche sich in der Tiefe nicht ändern. Ein solches Problem ist die Unterdrückung der schwarzen Minderheit.

Die Situation der Nachfahren ehemaliger Sklaven und die »Black Lives Matter«-Proteste sind indes nicht nur für die Vereinigten Staaten relevant. Sie haben etwas mit den Grundentscheidungen darüber zu tun, wie wir Gemeinschaft gestalten. Sie haben auch etwas damit zu tun, dass diese Grundentscheidungen vor allem von einer tonangebenden Gruppe getroffen werden, jener Gruppe, welcher der Sprengmeister angehört, der die Bombe auf das Haus in Philadelphia abwarf. Diese Gruppe sind die »Weißen«, die Angehörigen der angloeuropäischen Kultur, zu der auch wir Deutschen gehören. Es ist die Kultur, die Minna Salami als »Europatriarchat« bezeichnet.

Natürlich wissen wir, dass Rassismus hierzulande keine Ausnahme ist, im Gegenteil. Gerade darum versammelten sich in Berlin im Juni 2020 viele tausend Menschen zu mehreren »Black Lives Matter«-Demonstrationen. Vor wenigen Monaten gab es einen kleinen Skandal an der Schule meiner Tochter, als sich eine ihrer Freundinnen von einem Mitschüler sagen lassen musste, sie werde bevorzugt, weil sie eine dunkle Hautfarbe habe. Woran liegt es, dass wir Weißen, in den USA und anderswo, so unfähig zum Zusammenhandeln sind? Welche Illusionen in Bezug auf die eigene Identität und welche Selbstlügen stehen uns im Wege?

Kaum jemand hat die Motivation und das Wesen des »europatriarchalen« Westens in den letzten Jahrzehnten so klar analysiert wie der 1987 verstorbene US-amerikanische Journalist und Schriftsteller James Baldwin. Baldwin war afrikanischer Abstammung und homosexuell. Seiner Meinung nach gebe es für Schwarze in den USA nach wie vor keine rechtliche Gleichbehandlung. »Wir werden immer noch von den Sklavengesetzen regiert«, meinte er.[37]

Baldwin hat eine hochinteressante Erklärung für den weißen Rassismus entwickelt, die aber im Mainstream kaum diskutiert wird. Der Rassismus hat für Baldwin zentral mit der Weigerung der rassistischen Mehrheit zu tun, die Wirklichkeit so zu erkennen, wie sie ist. Ja, er besteht im Grunde in dem Versuch, sich gegen die Unvollkommenheit der Wirklichkeit zu immunisieren. Die dem Rassismus zugrunde liegende Haltung zerstört somit jede Möglichkeit, einen Kompromiss zu schließen. Denn dieser kann, so viel haben wir inzwischen begriffen, nur auf einem realistischen Bild der Wirklichkeit beruhen. Sobald das abgelehnt wird, ist ein Zusammenhandeln gegenstandslos, sosehr der Wunsch danach auch beteuert wird.

Die Hegemonie der weißen Kultur in den USA hat zur Folge, dass eine vorgebliche »Normalität« entstanden ist. Diese setzt den Rahmen für das, was verhandelbar ist und was nicht. Diese amerikanische »Normalität« ist eine verschärfte Version der protestantischen Haltung zum Kompromiss, die ich im zweiten Kapitel beschrieben habe. Sie lautet: Diese Welt kann vollkommen gemacht werden. Erlösung von den irdischen Leiden ist schon im Leben möglich. Just das ist die Essenz des in der US-Verfassung festgeschriebenen Rechts auf den »Pursuit of Happiness«, das Verfolgen des persönlichen Glücks. Diese Erlösung müssen wir uns allerdings in einem erbarmungslosen Wettstreit erkämpfen. Nur durch einen Sieg können wir uns gegen die bedrohliche Unvollkommenheit der Welt immunisieren.

Das Erbe des Protestantismus ist deutlich zu erkennen. Wer es in diesem Leben zu etwas bringt, zeigt, dass Gottes Hand auf ihm ruht. Er ist schon halb gerettet. Baldwin sah freilich, dass diese »Normalität« niemals realisierbar wäre. Sie bestand in der Fantasie einer Welt, welche die Wirklichkeit mit den Verheißungen des Paradieses verwechselte. Hinter dem Hass, der Verachtung und den halbherzigen Zugeständnissen der weißen Mehrheit verbarg sich laut Baldwin der Irrglaube, sich durch den Sieg auf dem Wettkampfplatz der Welt unverletzbar machen zu können. Dazu gilt es, andere aus dem Rennen zu schlagen und deren Macht zu kontrollieren.

»Weiß« zu sein bedeutet für Baldwin somit eine Selbsttäuschung, nicht eine Hautfarbe.[38] »Weiß« ist für ihn kein physisches Merkmal, sondern ein Trugbild über die eigene Stellung in der Welt. Es ist der Irrglaube, in dieser Welt alles im Griff zu haben und seine Schäfchen restlos ins Trockene zu bringen. »Weiß« ist nicht verhandelbar. Ein echter Kompromiss steht also gar nicht zur Debatte. Denn er bedeutete für die herrschenden Klassen einen Bruch mit der Illusion des »Weißseins«.

Den Wunschglauben, sich gegen die Unvollkommenheit der Welt immunisieren zu können, nennt der Schriftsteller Ta-Nehisi Coates, ebenfalls Angehöriger der afrikanischen Minderheit der USA, den »Traum«. »Ich kenne den Traum schon mein ganzes Leben lang. Er besteht aus schmucken Häusern mit hübschen Vorgärten. Grillen am Memorial Day (…). Baumhäusern und Pfadfindern«, sagt Coates.[39] Im Gefolge Baldwins meint er mit dem Begriff »Traum« weit mehr als nur die Wunschvorstellung materieller Abgesichertheit. Er meint die Sehnsucht, dass sich Wohlstand und Sicherheit in Unschuld genießen lassen, dass niemand anders dafür zahlt und dass wir durch diese Idylle mit dem eigenen Leben und seinen Unwägbarkeiten ins Reine kommen können.

Der Traum heißt, das Paradies auf Erden errichten zu wollen. Darum ist er heilig. Darum kann er nicht unmoralisch sein. Was Coates beschreibt, ist die Illusion der Eigentlichkeit, wie man mit Theodor W. Adorno sagen könnte.[40] Der deutsche Philosoph diagnostizierte, dass seine Landsleute in ihrer Sucht nach der heilen bürgerlichen Welt, nach dem widerspruchslos richtigen Leben den Faschismus erst möglich gemacht hätten. Coates sieht, dass der Wunsch, sich eine erfolgreiche und bequeme bürgerliche Existenz aufzubauen, über deren unsichtbare Opfer hinwegtäuscht. Der typisch amerikanische und heute in die ganze Welt exportierte Traum, wonach das Leben kontrollierbar und dabei zugleich rechtschaffen und unschuldig sein könne, ist für Coates eine grausame Illusion, die sich nur aufrechterhalten lässt, wenn anderen die Chance verwehrt bleibt, ins Idyll einzuziehen.

Der nigerianische Autor, Philosoph und Aktivist Bayo Akomolafe erinnert sich, dass er in seiner Kindheit in Lagos alles, was Weiße hervorgebracht haben – Spielzeug, Autos, technische Gadgets, Lebensstile –, vergötterte, nicht anders als die übrige Bevölkerung. »Weiß« erschien ihm und allen anderen das Erstrebenswerte, »schwarz« hingegen das, was es zu überwinden galt. Der Traum, von dem Coates spricht, ist demnach nicht auf die Weißen beschränkt. Auch die, die unter ihm zu leiden haben, beginnen ihn zu träumen. Akomolafe begriff jedoch eines Tages, dass seine Versuche, Kultur und Lebensstil als »weiß« neu zu erschaffen, seine eigene Identität zerstörten. Und er verstand, was James Baldwin gesagt hatte, nämlich dass »weiß« keine Hautfarbe sei, keine Rassenzugehörigkeit, sondern die Weigerung, den Traum von der eigenen Erlösung aufzugeben, um einen Kompromiss zu finden, der zwischen den eigenen Bedürfnissen und denen der anderen vermittelt.[41]

Der von Coates beschriebene Traum ist der Versuch der angloeuropäischen Hegemonialschicht, der unvollkommenen Welt zu entkommen, indem sie sie kontrolliert. Er ähnelt dem, was Albert Camus als »Sprung« bezeichnete: die Flucht davor, die Wirklichkeit anzuerkennen, wie sie ist, sowie gemeinsam, weder als Opfer noch als Henker, ihre Unvollkommenheiten zu ertragen und eine Form von Daseinstapferkeit zu entwickeln.[42] Der Traum oder Sprung aber bewirkt, dass wir stattdessen ein Reich der Perfektion erfinden, zu dem nur bestimmte Menschen Zugang erhalten. Es sind jene, die sich als erlösungsfähig erwiesen haben, weil sie an eine Unterwerfung des Lebens unter die Gesetze des Wettbewerbs und der Perfektionierung glauben.[43]

Der Traum der Angloeuropäer besagt: Durch die Kontrolle der Welt können sie unverletzlich werden. Dazu müssen sie alles, was nicht so ist wie sie selbst, kontrollieren, müssen seinen Einfluss eindämmen. Baldwin konstatiert, dass die »Weißen« die ganze Welt zerstören, weil sie träumten, dass sie weiß seien. Er meint damit, dass sie wirklich dächten, sie seien unsterblich, wenn sie die Welt kontrollierten. Ta-Nehisi Coates befürchtet wie Baldwin, dass die Anhänger des Traumes die Welt, »die Bühne, auf der sie sich weiß angemalt haben«, letztlich zu »unser aller Sterbebett« machen.[44] In seinen Augen sorgt dieselbe Haltung, mit der die Körper der Schwarzen »in Gefängnissen und Ghettos verstaut werden«, auch dafür, dass die vom Traum Geblendeten den Planeten zerstören.[45]

Der Traum ist zur Grundhaltung gegenüber der Welt geworden. Was die herrschende Klasse der Weißen in den USA an den Schwarzen statuiert (und was sich bisweilen zwischen den weißen Mitteleuropäern und den »Einwanderern« und »Flüchtlingen« in Europa wiederholt sowie im Weltmaßstab zwischen den Ländern des globalen Nordens und denen des globalen Südens), vollstreckt die Menschheit – mit Ausnahme der indigenen Kulturen – an den nichtmenschlichen Lebewesen. Gegenüber ihnen sind alle Menschen in der gleichen Illusion vereint. Indem sie die Natur unterdrücken, können sie sich vorgaukeln, sie gehörten zu einer einzigen, ungeteilten Menschheit. Im Terror gegen die nichtmenschlichen Wesen dürfen auch die Parias unserer Gesellschaft dazugehören; im Verbrauchen tierischer und pflanzlicher Körper können sie sich darüber hinwegtrösten, selbst Kanonenfutter zu sein.

Der Traum ist keine realistische Sicht der Wirklichkeit, sondern ein gewalttätiger Versuch, die eigene Haut auf Kosten anderer zu retten. Wie jeder Gewaltakt bedroht er die Opfer nicht nur mit physischer Beschädigung, sondern mit einer schleichenden seelischen Vergiftung. Brutalität wird normalisiert. Dadurch lernen die Unterdrückten, selbst auf Gewalt zurückzugreifen, obwohl sie unter ihr leiden. Der Traum ist das Gift, das die Weißen an alle weitergeben, die sie unterdrücken. Sie stecken andere Menschen mit dem Glauben an, dass es einen kompromisslosen Weg zum Sieg gebe und dass es dafür nötig sei, Zusammenhandeln zu verweigern.

Es scheint, dass es für die Unterdrückten immer eine als noch niedriger angesehene Form des Lebens gibt, über die mit Gewalt verfügt werden darf. Und auf jeder Stufe in dieser Unterdrückungspyramide stößt man auf dieselbe Begründung: Wenn wir diese Fremden nicht kontrollieren – wenn wir nicht über ihre Körper bestimmen, über ihr Recht auf Unverletzlichkeit –, müssen wir unseren Wohlstand und unsere Sicherheit aufgeben. »Willst du etwa in der Steinzeit leben?«, lautet die polemische Frage dazu in der Mainstream-Fassung.

Die unterste Ebene, gegen die sich die Herrschaft im Namen des Traums schließlich richtet, ist das Leben in uns selbst, ist unsere eigene Lebendigkeit. Die Unterdrückten werden zu ihren eigenen Unterdrückern. Im Traum gefangen, sind auch die Weißen nicht sie selbst. Sie suchen Freiheit, meinen damit aber die Abwesenheit von Leiden. Frei von Leiden zu sein ist für sie zu einer Droge geworden. Sie betäubt gegenüber der Wirklichkeit. Die Unterdrückung ist gegen andere gerichtet – schlägt aber auf den Unterdrücker selbst zurück.

Diese Selbstunterdrückung müssen wir im Blick haben, wenn wir beginnen, Strategien zur Befreiung zu ersinnen. Erst wenn wir der eigenen Verdrängung gewahr werden, kommen wir überhaupt in die Lage, einen wirklichen Kompromiss einzugehen. Audre Lorde schreibt: »Der wahre Fokus revolutionären Wandels besteht nicht in den Momenten der Unterdrückung, denen wir zu entfliehen suchen, sondern in jenem Anteil des Unterdrückers, der tief in uns selbst eingepflanzt ist und der die Taktiken des Unterdrückers, seine Beziehungen kennt.«[46]

Die Lösung liegt also nicht in der Emanzipation der Unterdrückten, durch die sie die Fähigkeiten und Privilegien der Unterdrücker erwerben. Zu diesen Fähigkeiten gehört eben gerade das: andere zu unterwerfen. Die magischen Sonderrechte der Unterdrücker sind Besitz, Absicherung, Genuss, Unsterblichkeit. Sie aber führen nicht aus der Sklaverei, weil ihnen Gewalthandeln und somit Kompromisslosigkeit zugrunde liegt. Das ist es, was Lorde mit ihrem Satz, wir könnten das Haus des Herrn nicht mit seinen Werkzeugen zerstören, meinte.

Um zu einem Kompromiss zu gelangen, müssten die Herrschenden den Schutzpanzer des Traumes durchbrechen, der ihnen suggeriert, sie könnten sich so absichern, dass sie unsterblich werden. Dieser Panzer hindert sie am Teilen. Er verleitet sie dazu, andere Menschen dafür verantwortlich zu machen, dass diese Welt unvollkommen ist.

Der Kompromiss, der von uns gefordert ist, besteht letztlich darin, dass wir die Sterblichkeit hinnehmen. Er beginnt mit der Anerkennung, dass eine Erlösung auf dieser Erde nur ein Wunsch ist. Er muss der »Wunsch an die Märchenfee« bleiben, wie ihn die streitenden Partner bei den Paartherapeuten Dieter Teschke und Anne Finne-Teschke einander schildern, aber eben nicht aufzwingen sollen. Diskriminierung, die Verweigerung des Zusammenhandelns, heißt, die anderen für die Unmöglichkeit der Erlösung verantwortlich zu machen, dafür, dass es keine Märchenfee gibt. Es bedeutet, einen Sündenbock für die Unzulänglichkeit der Welt zu küren und kompromisslos hinzurichten.

7 Mit der Biosphäre per Du

»We eat them«, sagt der Fahrer zu mir, als ich ihm die Flughunde zeige. Der Geländewagen der Universität Kumasi hat mich vom Flughafen der Metropole im Landesinneren Ghanas abgeholt. Immer wieder sehe ich beim Vorbeifahren Gruppen der pflanzenfressenden Fledermäuse kopfüber in großen Tropenbäumen hängen. Manchmal klatscht eines der Tiere mit den weit spannenden, gezackten Schwingen oder erhebt sich kurz in die Luft, um einen besseren Hängeplatz zu suchen. Mit ihrem trägen Flügelschlag wirken die Flattertiere wie Märchendrachen.

Ich bin mit einer Gruppe Forscher unterwegs. Sie wollen Fledermäuse auf neuartige Viren untersuchen – Erreger, die wie derzeit das Coronavirus SARS-CoV-2 ihren Weg aus Tieren in die Menschen finden und Pandemien auslösen können. Auf dem Weg in den Landesteil, wo die Feldforschung stattfinden soll, fahren wir an Verkaufsständen für »Bushmeat« vorbei. Kinder und Frauen halten am Rand der Straße getötete und zum Teil bereits zubereitete Wildtiere in die Luft. Ich sehe auf Holzgestänge gespannte Loris, geröstete Arme und Beine von Affen und die zylindrischen Körper von Rohrratten, einem in Westafrika verbreiteten, kräftigen Nagetier.

Die Fledermäuse, die die Forscher auf Viren testen wollen, ruhen tagsüber in Höhlen im felsigen Hügelland. Das Gebiet ist von Regenwald bedeckt, der sich immer wieder zu lockerem Buschwerk öffnet. In die Felsen geritzte geometrische Figuren weisen darauf hin, dass hier schon zu prähistorischen Zeiten Menschen siedelten. Abends verlassen die Fledermäuse ihre Schlafhöhlen durch enge Spalten. Zahllose Flattertiere schwingen sich in der schnell fallenden Abenddämmerung aus den Höhleneingängen in den Himmel. Der stetige Strom ihrer Körper steigt wie Rauch in Wirbeln vor dem letzten Licht empor.

Vor einigen Höhlenausgängen haben die Wissenschaftler meterlange feine Netze gespannt. Darin verfangen sich die aus und ein fliegenden Fledermäuse. Die Gaze ist zu fein, um von ihnen per Ultraschall geortet zu werden. Vorsichtig fädeln die Forscher die flatternden Wesen aus den Maschen, die Hände gegen Bisse mit Lederhandschuhen geschützt. Dann hängen sie die Tiere einzeln in Stoffbeuteln an eine Leine. Dort warten die Fledermäuse auf die Blutabnahme. Alle, Forscher und Helfer, tragen gegen mögliche Viren Gesichtsmasken, unter denen in der feuchten Hitze der afrikanischen Nacht das Atmen zunehmend schwerfällt.

Die Fledermäuse sind zahlreich. Aber der Wald selbst ist weitgehend von größeren Tieren entleert. Wie in vielen ländlichen Regionen Afrikas ist das meiste Wild bereits gejagt. Die Menschen essen, was sie an tierischer Nahrung finden können. Fledermäuse, die oft gefährliche Erreger in sich tragen, sind als Proteinquelle geblieben. Schon im Jahr 2009, als ich die Reise nach Afrika unternehme, kann ich beobachten, wie viel Druck die menschliche Nutzung hier auf die Natur ausübt. Überall kämpft die Bevölkerung des ländlichen Afrikas ums Überleben. Unaufhaltsam dringen Dörfler in die Gemeinschaft der nichtmenschlichen Wesen vor, dezimieren ihre Mitglieder und kommen dabei mit Tieren in Kontakt, deren Reservoir an Erregern bislang vom Menschen getrennt war. Und manchmal stecken sie sich an.

Wenn in Ökosystemen Populationen zusammenbrechen, wechseln Erreger ihre Wirte. Neue Krankheiten treten auf und löschen Arten aus. Das ist eine der ältesten Rückkopplungsschleifen der Evolution. Die exponentielle Verbreitung von Erregern und die Ausbrüche von ihnen ausgelöster Seuchen sind einer der Wege, auf denen die Evolution dafür sorgt, dass nicht eine einzige Art alle Lebensprozesse dominiert, sondern immer wieder Gegenseitigkeit hergestellt wird. Ein Virus ist sozusagen eine Methode der Natur, ihre Teilnehmer kompromissfähig zu halten.

Natur ist der prototypische Raum der Verbindung. Darum kann sie uns vorführen, wie Kompromisse gelingen. Alle Lebensprozesse sind Beziehungen. Diese können auf sehr unterschiedliche Weisen zum Ausdruck kommen – vom angespannten Verhältnis zwischen dem Fuchs und der Spitzmaus bis zu den Melodien, mit denen sich neue Handy-Klingeltöne im Gesang von Staren niederschlagen. Nichtmenschliche Wesen balancieren seit Hunderten von Millionen Jahren ihre Verhältnisse aus. Von ihnen können wir viel über das Zusammenhandeln in einer Welt der Antagonismen erfahren. Wie löst die Biosphäre Beziehungskonflikte, wenn nicht der Mensch die Feder führt, sondern die »Ordnung der Vergänglichkeit« (Gary Snyder), die Leben aus sich heraus immer wieder neu gestaltet?[47] Eine Antwort darauf hilft uns vielleicht, Kompromisse besser zu verstehen, und kann uns darin unterstützen, das Verhältnis zu anderen Wesen auf den Boden echter Gegenseitigkeit zu stellen.

Betrachtet man die Ökologie als Beziehungsgeflecht, sind Mensch und Natur nicht kategorisch getrennt. Aus dieser Perspektive dreht sich Naturschutz um die Frage, wie sich in den Beziehungen unterschiedlicher Wesen ein Kompromiss so finden lässt, dass alle gedeihen können. Das ist freilich nicht unbedingt die Leitfrage gegenwärtiger Nachhaltigkeitspraxis. Diese ist noch stark in einem Denken befangen, das Leben nicht als Prozess versteht, den verschiedene Akteure miteinander aushandeln, sondern eher als eine Maschine, die richtig eingestellt sein muss, damit sie funktioniert. Entsprechend geht es in der Nachhaltigkeit oft um die Bewahrung wertvoller »ökologischer Objekte« und weniger um ein geglücktes ökologisches Handeln. Die nichtmenschliche Natur wird als Sache gesehen, nicht als Beziehungspartnerin. Diese »Sache« Natur ist zerbrechlich, kostbar und schützenswert.

Eine Sichtweise, die »Natur« und Menschen segregiert, schädigt beide Seiten. Sie führt dazu, dass Menschen aus der wertvollen Natur ferngehalten werden, erlaubt aber andererseits, als weniger wertvoll angesehene Habitate gänzlich der menschlichen Verfügungsgewalt zu unterwerfen. Erst so wird es etwa möglich, indigene Bewohner aus ihrer Heimat zu vertreiben, um einen Nationalpark mit vorgeblich ungestörtem Naturzustand zu errichten, während anderswo eine Palmölplantage nach industriellem Standard entsteht, um Kapitalinteressen zu befriedigen.

Obwohl der Mensch zweifellos Teil der Biosphäre ist, wird Naturschutz oft so betrieben, dass Menschen dabei den anderen Wesen gegenübergestellt werden. Darin unterscheidet sich die Sichtweise der »Naturbewahrer« oft nicht von jener der »Naturnutzer«, für die andere Lebewesen den Interessen des Menschen untergeordnet sind. In beiden Fällen gibt es keine wirkliche Beziehung zwischen Menschen und nichtmenschlichen Wesen, weil die kein Beziehungspartner ist, sondern ein Ding. »Na- und »Kultur« sind voneinander getrennt – so ähnlich wie »Schwarze« und »Weiße« in der rassistischen Systematik auseinanderdividiert werden.

Vertreter dieser Position, die nach wie vor in hohem Maße unser ökologisches Denken und Handeln bestimmt, sind nicht in der Lage, einen Kompromiss mit der anderen Seite – der Seite der nichtmenschlichen Wesen – einzugehen, weil sie nicht wahrhaben wollen, dass sie mit dieser in einer Beziehung stehen. Sie verschließen sich ihrer Erfahrung, obwohl sich diese Beziehung mit jedem unserer Atemzüge bemerkbar macht. Denn wir atmen das ein, was die Bäume, Büsche, Blumen und planktonischen Mikroalgen ausatmen, und nähren diese umgekehrt mit unserem Atem.

Erst wenn wir anerkennen, dass wir mit anderen Lebewesen in einem Beziehungsgeflecht verbunden sind, können wir einen Kompromiss mit der Natur finden. Nur dann wird echter Naturschutz möglich – nämlich als Suche nach einem Ausgleich, der das Zusammenleben von menschlichen und nichtmenschlichen Wesen in Einklang zu bringen sucht. Als Handeln um des Friedens mit der Natur willen. Andernfalls aber werden wir diese weiter ausbeuten.

Naturzerstörung ist somit etwas anderes als die Übernutzung einer Ressource. Sie ist die Verweigerung von Gemeinschaft, ein Handeln im Namen des von

Coates beschriebenen Traumes, das davon zehrt, andere, Schwächere zu opfern. Die ökologische Krise ist somit eine Beziehungskatastrophe. Erst indem wir sie als solche wahrnehmen, habe wir eine Chance, sie zu lösen – oder vielmehr die Beziehungen zu retten, die sich in ihr verknoten.

Der Ausbruch des Coronavirus bestätigt diese Überlegungen auf verstörende Weise. Anders als das mehr oder weniger unbemerkte Verschwinden von Arten und Landschaften hat das Virus die Menschen zum Innehalten gebracht. Corona betrifft uns, weil es uns unmittelbar bedroht. Das Virus hat eine Epidemie ausgelöst, die in grellem Licht erscheinen lässt, wie unsere Zivilisation generell mit Gemeinschaft umgeht.

Das Virus stellt die Beziehungsfrage. Es ist auf den Menschen übergesprungen, weil dieser schlechte Gemeinschaft mit jenen Arten pflegt, die für das Virus Wirte sind. Menschen dringen in die Lebensreiche anderer Arten ein, dezimieren sie durch Jagd und Gefangenschaft und bieten sie dann mit anderen, in Massen gezüchteten Angehörigen der von uns »domestizierten« Spezies auf Märkten zum Verkauf und Verzehr an.

Die Reaktionen auf die Corona-Pandemie haben gezeigt, wie zentral es für uns Menschen ist, die Gemeinschaft zu schützen. Zwar ging es hier zunächst um uns Menschen allein – doch das ist weniger ausschlaggebend als der Umstand, dass viele plötzlich das Kollektiv vor das Individuelle gestellt haben. Wie viele Beobachter hat mich fasziniert, wie noch vor den Lockdowns im März ein Großteil der Bevölkerung sein Verhalten so geändert hat, dass sich die Verbreitung des Virus verlangsamte. Viele haben ihre Aktivitäten eingeschränkt und möglichst wenige Freunde und Bekannte getroffen, noch ehe Regierungen Regeln zur sozialen Distanzierung verordnet hatten. Sie taten das, um ihre Gemeinschaft zu beschützen – und waren dafür bereit, ihre eigene Freiheit einzuschränken und sogar materiellen Verzicht zu üben.

Das besaß eine starke ökologische Symbolik, denn es zeigte, wie einleuchtend es für Menschen ist, im Namen der Gemeinschaft zu handeln. Derzeit aber besteht diese Gemeinschaft für die meisten nur zwischen Menschen und eben nicht mit der Welt als Ganzer. Die Folge unserer Verweigerung von Gemeinschaft gegenüber den nichtmenschlichen Lebewesen besteht darin, dass nun ein Virus auf uns Menschen überspringt. Und dieses Virus bringt uns dazu, Gemeinschaft in den Vordergrund zu stellen, obwohl unsere Kultur sonst Egoismus und Kompromisslosigkeit belohnt. Könnten wir diese Kultur, die das unaufhörliche Anhäufen wirtschaftlicher Werte verlangt, stärker infrage stellen als mit einem gemeinschaftlichen Innehalten? Die Melodien der Vögel, das Summen erster Hummeln, all die Laute des sonst überhörten Kollektivs des Lebens, die während der plötzlichen Stille des

Lockdowns vernehmbar wurden, gaben dieser Gegenseitigkeit eine Stimme.[48]

Die Corona-Pandemie stößt uns somit auf den Punkt, der für das Leben wesentlich ist, nämlich seine Gemeinschaftlichkeit. Sie bietet uns einen Anlass zu verstehen, wie in der Gemeinschaft des Lebens Kompromisse geschlossen werden. Kein Lebewesen vermag allein zu existieren. Wir können seine Existenz immer nur mit Blick auf das Ganze betrachten. Das eigene Leben ist niemals das Werk des Einzelnen. Die Existenz jedes Individuums ist jenen Wesen geschuldet, mit denen es in Symbiose steht, von denen es sich ernährt, mit denen es kooperiert. So könnten wir ohne körpereigene Bakterien nicht leben. Sie gedeihen in unserem Verdauungstrakt, auf unserer Haut und unseren Schleimhäuten. Ihre DNA enthält zehnmal so viele Gene wie unser eigenes Erbgut. Diese Mikroorganismen sind nicht wir selbst, aber ihre Leistungen tragen entscheidend zu unserem Stoffwechsel bei.

Unser Körper ist ein einziger Kompromiss mit diesen fremden Wesen in uns und an uns, deren Gegenwart wir kaum jemals spüren und die uns gleichwohl ausmachen. Der Darmflora müssen wir einen geeigneten Lebensraum bieten, weil sonst unser Immunsystem leidet und unsere Anfälligkeit für Krankheiten zunimmt. Achtzig Prozent aller Zellen, die Antikörper produzieren, befinden sich im Darm. Kompromissfähig bleiben heißt in diesem Fall, auf eine ausgewogene, eher pflanzliche und weniger tierische Nahrung zu achten.[49]

Im Beziehungskosmos der Biologie verwischen sich die Umrisse zwischen den einzelnen Akteuren. Nicht nur die genetische Vielfalt der Bakterien ergänzt unsere eigene. Ein Fünftel der menschlichen Erbsubstanz besteht zudem aus den Genen von ehemaligen Viren. Diese infizierten unsere entfernten Vorfahren einst mit Krankheiten, haben sich im Laufe der Evolution aber in unsere eigene Körperregulation eingegliedert. Unsere stammesgeschichtlichen Vorläufer nahmen also andere Wesen, deren Fähigkeiten und deren Ansprüche in sich auf. Ihr Organismus gewann so neue Freiheiten, wurde aber auch durch neue Grenzen eingeschränkt. Er schloss in einem fort Kompromisse.

Die Ökologie ist die Lehre von den Abhängigkeiten der Wesen und der Arten voneinander. Leben ist nicht ohne Zusammenhandeln denkbar. Es ist die Wiege des Kompromisses, nicht der Inbegriff der Erbarmungslosigkeit. Die Evolution und ihre Folge, die biologische Vielfalt, sind weniger ein Resultat von Gewalthandeln, dem viel beschworenen »Recht des Stärkeren«, als ein Geflecht verschlungener Abhängigkeiten.

Ich will damit nicht behaupten, dass in der Natur alles eitel Sonnenschein und harmonische Symbiose sei. Im Gegenteil. Die ökologischen Beziehungen bilden eine große Nahrungskette, in der Organismen andere verspeisen.

Zugleich aber steht gerade das Verhältnis zwischen Räuber und Beute im Dienst des Zusammenhandelns. Denn dass sich die Beziehungen in der Natur immer wieder erneuern, wird dadurch möglich, dass alle ihre Bewohner essbar sind und den anderen zur Speise dienen können. Um ihren biologischen Körper zu unterhalten, müssen Lebewesen mit anderen in einem radikalen Austausch stehen. Der Tod ist so gesehen nicht der Kompromisslosigkeit geschuldet, sondern stellt im Gegenteil den denkbar größten Kompromiss dar. Der Tod ist der Kompromiss der Individualität mit dem Leben.

Schaut man genau hin, sind die Verhältnisse zwischen Jägern und Gejagten weniger von Gewalthandeln geprägt, als es zunächst den Anschein hat. Die meisten Räuber sind derart auf ihre Beute spezialisiert, dass sie ohne diese nicht existieren können. Etwa im Plankton der Ozeane, das die Grundlage der Nahrungskette im Meer bildet. Hier haben viele winzige Krebse ihre Kauapparate so an die gepanzerten Körperschalen der Einzeller angepasst, von denen sie sich ernähren, dass sie nur noch in der Lage sind, die Angehörigen bestimmter Spezies zu fressen – diese können sie dafür aber besonders effektiv »knacken«. Eine Art ernährt sich von einer anderen, ist aber gerade dadurch von dieser abhängig. Beide sind im ökologischen Zusammenhandeln unlösbar aneinandergekettet. In unseren Breiten bevorzugen die Raupen des Schwalbenschwanzes, eines der größten europäischen Tagfalter, die Blätter der wilden Möhre. Diese wird durch die gefräßigen Larven dezimiert, ist aber zugleich Bedingung dafür, dass überhaupt Schwalbenschwänze existieren können.

Das »Überleben des Fittesten« schließt Kompromisse nicht aus, sondern setzt sie voraus. Die Evolution schreitet nicht durch Kompromisslosigkeit voran, sondern durch Zusammenhandeln. Mutation und Selektion wirken auf graduelle Veränderungen des Bestehenden hin. Sie schleppen dessen Schwächen und Fehler mit – wie bei der Modellpflege eines Autos, bei der sich zwar die Form des Kühlergrills oder die Verdichtung des Motors ändern kann, aber nicht Karosserie und Antriebsstrang umkonstruiert werden. Die meisten Eigenschaften der Lebewesen wurden vor Urzeiten festgelegt und sind auch unter hohem Evolutionsdruck nicht mehr zu ändern – jedenfalls nicht, was ihre grundlegenden Funktionsprinzipien betrifft. Jede neue Lebensform stellt demnach einen überwältigenden Kompromiss mit der gesamten Stammesgeschichte dar.

So wird Sauerstoff bei Wirbeltieren, aber auch bei Krebsen und Insekten jeweils von großen Proteinmolekülen mit einem oder zwei Metallionen im Zentrum transportiert. Bei uns Menschen ist dieses Metall Eisen, bei Wirbellosen Kupfer. Die entsprechende Design-Entscheidung ist historisch gefallen und nicht mehr wandelbar, so viele Vorteile andere Möglichkeiten des Sauerstofftransports auch haben mögen.

Ähnlich verhält es sich mit der Photosynthese, durch die Pflanzen ihr Körpergewebe mithilfe des Sonnenlichts aufbauen. Die pflanzliche Nutzung der Sonnenenergie hat einen unglaublich niedrigen Wirkungsgrad von drei bis sieben Prozent.[50] Photovoltaik ist um ein Vielfaches effizienter – aber sie lässt sich nicht im Nachhinein in die grünen Pflanzen einbauen. Und wenn, wären diese nicht mehr für die anderen Mitglieder des Ökosystems essbar, sondern müssten nach ihrem Ableben als Sondermüll entsorgt werden. Die Photosynthese ist ein historischer Kompromiss – aber einer, der es erlaubt, dass Leben ein Gemeinschaftsprojekt bleibt.

Die Biosphäre ist also Beziehung, und Beziehung erfordert Zusammenhandeln. Diese Einsicht sollten wir Menschen der Gestaltung unserer Lebensweise zugrunde legen. Die ökologische Krise beruht darauf, dass wir immer noch verkennen, dass die Teilnahme am Leben das gemeinschaftliche Handeln aller erfordert. Auch unseres. Wir stehen nicht außerhalb.

Aus dieser Perspektive lässt sich das ökologische Desaster unserer Zeit als Katastrophe der Gegenseitigkeit verstehen. Um dieser Katastrophe zu entkommen, müssen wir einen Kompromiss auf Augenhöhe mit den übrigen Teilnehmern des Lebens suchen. Es reicht nicht, eine bloß etwas schonendere Vernichtung dieser Teilnehmer zu organisieren. Solange Nachhaltigkeit für uns bedeutet, die nichtmenschlichen Mitspieler im Netz des Lebens als Dinge zu behandeln und nicht als Beziehungspartner, wird sich die ökologische Krise verschlimmern. Wenn wir aber anerkennen, dass es auf Gegenseitigkeit ankommt, wird deutlich, dass wir unsere menschlichen Privilegien aufgeben müssen. Zu diesem Kompromiss sind die meisten Menschen nicht bereit. Ihn zu verweigern heißt jedoch, das Leben zu verweigern – und so letztlich auch das eigene preiszugeben.

8 Weil ihr uns die Zukunft klaut

Als ich aus der Tür trete, liegt Rauch in der Luft. Der Geruch ist ungewöhnlich für einen Maimorgen. Wenn es in Berlin nach Feuer riecht, ist meist ein Grill, ein schlecht geheizter Kaminofen oder seltener ein brennender Dachstuhl die Ursache. Diesmal aber liegt eine feine Würze von Holzrauch in der Luft, ähnlich wie in Metropolen des Südens, wo die offenen Feuer, auf denen Menschen Mahlzeiten zubereiten, die Luft mit ihrem Qualm anreichern.

Auch das Licht wirkt anders. Der Himmel ist seltsam gelb. Ich setze mich auf die Treppenstufen und suche in meinem Telefon. Was steht in Flammen? Wo? Nach ein bisschen Surfen habe ich es gefunden: ein Waldbrand im Grunewald. Jetzt im Mai, im Frühling, wenn Boden und Bäume eigentlich schwer und nass sein müssten, um genug Flüssigkeit für die Wachstumsphase zu haben. Aber es hat seit Wochen nicht geregnet. Wie in den Jahren zuvor ist das Frühjahr, in dem die erwachende Natur nach Wasser dürstet, trocken wie der Hochsommer in Italien.

Ein Bekannter kommt vorbei. Wir tauschen ein

paar Worte über den Waldbrand in Berlin. Er wirkt besorgt. In seinen Zügen liegt ein Ausdruck, der so etwas wie »Dass es wirklich einmal so weit kommen würde« besagt. Der Bekannte ist kein Naturschützer, garantiert kein Öko, aber er wünscht keinem Wesen etwas Schlechtes. Er hält es ganz ohne tieferes Nachdenken für selbstverständlich, dass er in seinem Garten allen Wildwuchs rechtzeitig kontrolliert, den Rasen und das Buschwerk stets akkurat stutzt.

Ich stecke das Telefon ein und mache mich auf den Weg zu meinem Termin. Gedankenversunken nehme ich meine Umgebung nur in Umrissen wahr, bis ich stutze. Etwas ist anders. Dann erkenne ich, was meine Aufmerksamkeit erregt: Der Mittelstreifen der zweispurigen Allee, in deren Nähe ich wohne, ist gemäht. Tags zuvor hat das gelbliche Gras noch voller Wildblumen gestanden. Rosafarbige, kugelige Kelche erhoben sich über die trockene Narbe. Diese Flockenblumen können hier erst wachsen, seit das Klima trockener und wärmer geworden ist. Ich warte jedes Jahr sehnsuchtsvoll auf ihre Blüte, wenn die Kugeln wie ein See aus Licht über dem Boden zu schweben beginnen. Das ist nun fort. Der Rasen liegt gelb unter der rauchigen Luft. Auch von den Wildbienen, die hier gestern noch Nektar gesucht hatten, ist keine mehr zu sehen.

Ich frage mich, ob mein Bekannter wohl zufrieden ist, dass hier wieder Ordnung herrscht. Manche Anwohner reißen sogar die Wildblumen aus der Erde um die

Straßenbäume. Dann pflanzen sie dort Zierstauden, die keinem heimischen Tier Nahrung bieten. Dieselben Menschen, die erschrecken, wenn sie den Klimanotstand auf den eigenen Lippen schmecken, weil im Frühling in ihrer Stadt der Wald brennt, halten Grünflächen kurz oder streuen Gift in die Löcher von Ameisen, die Sand zwischen Gehwegplatten aufhäufen. Sie wollen grüne Überschaubarkeit. Sie sehen zwei ganz und gar getrennte Probleme: hier das kippende Klima, das sie bedroht, dort die Unordnung, die von den emsigen Vertretern der Wildnis angerichtet wird. Und sie antworten auf das eine Problem so, dass es das andere verschlimmert.

Beim Klimawandel geht es exemplarisch um Zusammenhandeln. Der Konflikt mit der Atmosphäre, den wir Menschen heraufbeschworen haben, schreit nach einem Kompromiss zwischen allen Beteiligten – den Menschen, den nichtmenschlichen Lebewesen, dem »Erdsystem« mit seinen Bergen und Ebenen, Wolken, Flüssen, Seen und Meeren. Viel zu lange haben sich die meisten Menschen darüber hinweggetäuscht, dass dieser Konflikt überhaupt besteht. Der Klimanotstand wurde rundheraus geleugnet oder erfolgreich ignoriert. Mittlerweile ist sich die Mehrheit einig, dass Handeln nottut. Selbst Menschen, die mit Ökologie nichts am Hut haben, sind für eine CO_2-Reduktion. Doch dieses Handeln konzentriert sich darauf, das »Klimaproblem« einzuschränken.

Die Klimakrise wird von vielen als ein vom restlichen Zustand des planetaren Lebens isoliertes Dilemma behandelt. Dabei übersehen wir leicht, dass nicht nur Menschen unter einem Zusammenbruch des bisherigen Klimas leiden, sondern alle Wesen. Ein Beispiel dafür ist das Schwinden des Kuckucks, der neuerdings zu spät aus dem Süden ankommt, um seine Eier in die Nester der Wirtsvögel zu legen. Weil es im Frühjahr wärmer geworden ist, beginnen diese eher mit der Brut. Wenn die Kuckucksküken im Nest ihrer Wirte schlüpfen, sind deren Kinder schon so groß, dass die Eindringlinge sie nicht mehr hinauswerfen können. Die Kuckuckskinder müssen verhungern.

Wir vergessen, dass »das Klima« nicht ein vom Rest des Lebens getrenntes Aggregat zur Kühlung der Erde ist, sondern eine Eigenschaft ihrer Lebensvorgänge. Das Klima wird durch die Biosphäre mit erzeugt, durch sie geregelt und von ihr beeinflusst. Zu dieser Biosphäre gehören unter anderem auch die Berliner Wildbienen, die an jenem Morgen, als die Luft nach Kiefernrauch schmeckt, keine Nahrung mehr finden. Die Erderwärmung ist kein Kurzschluss in der Klimaanlage des Planeten. Das Klima ist kein Objekt, nicht das Wetter der Atmosphäre über unseren Köpfen, sondern der Status unserer Beziehung zu allem übrigen Leben und zur Matrix, in der dieses Leben sich entfaltet – einschließlich der Mineralien, der Luft, des Wassers.

Wenn wir das Klima wirklich »retten« wollen, mi
wir an dieser Beziehung arbeiten. Sie ist in Wahrhe ganzer Beziehungskosmos, der alles umfasst, was zum Leben auf der Erde gehört. Nicht nur das CO_2, sondern jedes Lebewesen nimmt an ihr teil. Der Klimakompromiss, den wir brauchen, kann somit nur aus dem Zusammenhandeln entstehen. Dafür muss er nicht einmal in erster Linie die Reduktion der CO_2-Emissionen bewirken. Er muss die Atmosphäre als eine Gemeinsamkeit, als einen zu Luft, Wasserdampf und Aerosol gewordenen Kompromiss aller Wesen miteinander auffassen. Solange wir aber das Klima als ein abgetrenntes, technisches Problem behandeln, sind wir unfähig, einen wirklichen Kompromiss in unserer Beziehung zur Biosphäre einzugehen. Dann können wir die Erderwärmung nicht stoppen.

Obwohl es vielen nicht klar ist: Die Erderwärmung und das Insektensterben stehen in unmittelbarem Zusammenhang. Sie sind zwei Seiten derselben Katastrophe – selbst wenn sie miteinander nicht ursächlich verbunden sind. Doch beide Erscheinungen, die sich aufheizende Atmosphäre und das Verschwinden der krabbelnden Tiere, sind Folgen des Zusammenbruchs einer miteinander geteilten Welt, die uns Menschen das Leben ermöglicht und für die auch wir eine Verantwortung tragen.

Solange wir das kollabierende Klima allein unter der Perspektive des steigenden Kohlendioxid-Anteils betrachten, können wir ihm die negativen Konsequenzen anlasten, wie einem Objekt, das nicht mehr richtig funktioniert. Mit Objekten sind nämlich keine Kompromisse nötig. Sobald wir aber zugeben, dass auch die zu früh gemähten Blumen, die hungernden Bienen und die vertriebenen Ameisen Teil des Klimageschehens sind, steht die eigene Kompromissfähigkeit im Beziehungshandeln auf dem Prüfstand.

Wir neigen dazu, die Klimakrise wie einen Defekt an einem Kühlschrank anzugehen. Wir betrachten sie als ein Problem, bei dem ein Objekt Unzulänglichkeiten aufweist, die sich »fixen« lassen. Jedoch stellen wir selten infrage, wie wir mit anderen umgehen. Die hungernden Bienen und die vertriebenen Ameisen sind aber keine defekten Objekte, sondern leidende Partner. Das Schwinden der Insekten ist somit Teil der Klimakatastrophe und nicht von ihr abgesondert. Es ist jene Dimension in einer Beziehungskatastrophe der Biosphäre, die uns darauf stößt, dass unser Problem nicht unzureichend gewartete Maschinenteile in der Mechanik des Erdsystems sind. Das Insektensterben erfordert unmittelbares Handeln, genauer: Beziehungshandeln. Es verlangt, dass wir uns wie ein Gegenüber verhalten. Ein solches Verhalten zieht einen Haufen Zumutungen nach sich – etwa die, dass man seinen Garten künftig mit blühendem Unkraut teilen sollte. Darum wohl fällt es den Menschen leicht, sich um die Erderwärmung zu sorgen, und schwer, Verantwortung für die Blüten unter den Stadtbäumen zu übernehmen.

Vom kippenden Klima sind wir direkt betroffen. Wenn ich im Juni in Berlin nicht mehr schlafen kann, weil die in den Straßen stehende Hitze nachts nicht abzieht und es warm bleibt wie in Delhi, steigt Unbehagen in mir auf. Diese Angst ist durch und durch egoistisch motiviert. Es ist sozusagen kapitalistische Panik, die Sorge um mich selbst und um die Objekte, die mein Leben garantieren und verschönern. Es ist die Angst, dass der Traum zu Ende geht, der besagt, dass wir uns durch geschicktes Handeln von den Übeln der Existenz bewahren können. Der Klimawandel zeigt, dass dieser Traum eine Illusion ist: Die Verweigerung des Kompromisses zerstört uns selbst.

Spaltet man einen Problemkomplex, in dem es darum geht, Gemeinsamkeit herzustellen, in einzelne Symptome und versucht, diese je für sich zu reparieren, ist man schon im Gewalthandeln gelandet. Entsprechend klingt oft auch die Rhetorik aufseiten der Klimaschützer. So bedient man sich bei der Bekämpfung des CO_2 gerne der Metaphorik der Generalmobilmachung. Selbst der weitsichtige Nachhaltigkeitsaktivist und Autor Bill McKibben fordert einen »Krieg gegen die Erderwärmung«.[51] Natürlich sollte diese unter allen Umständen verlangsamt werden. Und doch bleibt es zweifelhaft, ob die gleichsam militärische Strategie Erfolg versprechen kann. Der »Kampf« gegen den »Feind« CO_2 folgt der Logik des Gewalthandelns, weshalb neben der Reduktion fossiler Brennstoffe auch der Ausbau der Kernenergie für viele (so auch Greta Thunberg) eine Option ist, oder etwa großtechnische Strategien zur Lagerung von Kohlenstoff aus der Atmosphäre im Erdinneren. Ein solcher Standpunkt verliert die Lebensrealität der nichtmenschlichen Bevölkerung der Biosphäre aus dem Blick und vergisst, dass alles Ökologische, und damit auch alles Atmosphärische, ein Zusammenhandeln ist. Es bleibt auf beständig neu geschlossene Kompromisse angewiesen und lässt sich nicht mit »Lösungen« erledigen.

Damit wäre ein Ziel formuliert: Der Kampf ums Klima muss so aussehen, dass sich die Bedingungen für das Leben aller verbessern. Es geht nicht in erster Linie um die Mobilmachung gegen das CO_2, sondern um den Aufbau von Gemeinschaft, um das Herstellen fairer Verhältnisse zu all den anderen Wesen, die wir momentan kaum wahrnehmen. Folglich muss dem, was derzeit als ein Nebenschauplatz gilt, nämlich der Biotopvernichtung und dem Artensterben, das Hauptaugenmerk gelten.

Natürlich ist entscheidend, *weniger* fossile Brennstoffe zu verbrauchen. Vor allem aber müssen wir dem Leben *mehr* Raum geben. Und hier kommt ein Faktor ins Spiel, den sowohl die Vertreter der Brennstofflobby als auch Klimaaktivisten übersehen: Die Biosphäre ist weitgehend in der Lage, die für ihr Gedeihen notwendigen Bedingungen zu regulieren. Wie eine schützende Hautschicht auf der Erdoberfläche schafft sie ein lebensförderliches Klima. Sie kann auch mit mehr CO_2 umgehen – wenn man sie lässt.

Die regulierende Aktivität des planetarischen Lebens war es, die Lynn Margulis und James Lovelock in den 1970er-Jahren dazu brachte, das ganze »Erdsystem« wie ein Lebewesen zu betrachten.[52] »Gaia«, wie sie dieses System fortan nannten, ist in der Lage, ihre stoffliche Zusammensetzung auch unter widrigen äußeren Umständen konstant zu halten. »Gaia« hält ihr inneres Milieu von selbst im Gleichgewicht – ähnlich wie unser Körper Zuckerspiegel, Wasser- und Elektrolytgehalt unseres Blutes. Ein Beispiel dafür ist der Salzgehalt der Meere von rund dreieinhalb Prozent. Er bleibt seit Jahrmillionen gleich, obwohl die Flüsse beständig salzhaltige Minerale in die Ozeane waschen. Der konstante Salzanteil ist ein Resultat des Zusammenhandelns unermesslich vieler Akteure. Um die Fähigkeit zur Selbstregulation aufrechtzuerhalten, ist es allerdings erforderlich, dass »Gaia« sich selbst frei organisieren darf, dass also die Biosphäre nicht zerstört wird, sondern dass wir sie unterstützen.

Aber nicht nur das Meer, auch die Atmosphäre wird vom Leben auf der Erde so reguliert, dass Leben gedeiht. Ein wichtiges Element in dieser Selbstregulation ist der Wald. Wald ist in der Lage, kleinräumig sein eigenes Klima zu erzeugen und auf diese Weise Regenmenge und Wolkenbedeckung ganzer Regionen und sogar Kontinente zu beeinflussen. Das kennen wir vom Amazonasbecken: Seine Baumbestände erzeugen selbst die Feuchtigkeit, die über ihnen wieder vom Himmel fällt. Diese sammelt sich zu Rinnsalen und schließlich zu Flüssen. Dadurch versorgt der Amazonas-Regenwald einen Gutteil Südamerikas mit Wasser.[53]

Wälder tragen dazu bei, dass sich die Atmosphäre mit Wasser anreichert. Durch die sogenannte »Evapotranspiration«, die Verdunstung aus Boden und Blättern, sorgen sie für Wolkenbildung, ein kühleres Klima und erfrischenden Niederschlag. Über Landgebieten gehen vierzig Prozent aller Regenfälle auf den atmosphärischen Wassereintrag der Wälder zurück. Regnet diese Feuchte einmal nicht komplett nieder, kann sie weit über Land und Meer transportiert werden und im Rahmen der interkontinentalen Luftströmungen anderswo für Erquickung sorgen. Holzen Menschen die entsprechenden Wälder aber ab, sinkt der Regenfall um bis zu einem Drittel, wie Simulationen von Klimaforschern ergaben.

Dazu kommt noch eine zweite Rolle der Baumbestände, die ebenfalls eine maßgebliche Funktion bei der Erzeugung von Regen hat. Wälder wirken als »biotische Pumpe«: Weil die Baumgebiete über ihren Wipfeln durch Verdunstung und Kondensation Tiefdruckgebiete erzeugen, saugen sie feuchte Luft, die dem Unterdruck nachströmt, von den Ozeanen aufs Land.[54] Immer mehr Wissenschaftler meinen heute, die Rolle der Wälder als

Kohlenstoffspeicher sei zweitrangig gegenüber ihrer unmittelbaren Funktion für die Erzeugung von Wasser und für die Kühlung der Erdoberfläche. Die Forscherinnen und Forscher wenden ihren Blick von der reinen CO_2-Problematik auf die zunehmend integrierte Betrachtung einer Leben spendenden Ökosphäre.

Im Wald ist es an heißen Tagen deutlich kühler als etwa in einem Maisfeld – bis zu sechs Grad Celsius kann der Unterschied zwischen geschlossenem Wald und weitgehend baumloser Agrarlandschaft betragen. In der Stadt wird es beim gleichen Sommerwetter nahezu acht Grad wärmer als im Forst.[55] Auch diese Kühlfähigkeit des Waldes geht auf seine Rolle im Wasserkreislauf zurück. Wälder sind Wasserreservoirs, die sich selbst durch Verdunstung abkühlen. Fällen wir die Wälder, roden wir das Land, stockt dieser Wasserkreislauf. Es würde uns somit helfen, den Klimanotstand nicht nur als einen gefährlichen CO_2-Anstieg zu betrachten, sondern als eine Wasserkrise. Lässt man die Natur von selbst wachsen, ist sie in der Lage, mithilfe von Rückkopplungen ihre Wasserversorgung zu sichern und sich auf diese Weise zu kühlen, auch dann, wenn sich die Erdtemperatur erhöht.

Die Biosphäre strebt danach, Beziehungen zu erzeugen. Indem sich diese Beziehungen – die der Blätter zu den Wolken, des Windes zum Regen usw. – in eine Vielzahl von Richtungen verknüpfen, wird das natürliche Lebensnetz robuster. Es reißt nicht so leicht, weil jeder Kompromisse mit jedem eingehen muss. Alles ist in mehrfacher Redundanz ausgelegt. Auch bei uns Menschen gilt: Wer viele Beziehungen hat, kann immer auf ein paar Freunde zurückgreifen, selbst wenn andere einen hängen lassen. Das Naturgeschehen ist ein Beziehungskosmos. Das verleiht ihm Stabilität.

Die Natur organisiert ihr Gedeihen nicht, wie wir Menschen lange gedacht haben, als technischen Prozess, der auf eine Ursache eine Wirkung folgen lässt. Sie gestaltet es vielmehr so, wie auch unser Körper sich bei Gesundheit erhält, nämlich als ein Ganzes, das sich selbst regulieren kann, das also in der Lage ist, für seine eigene Lebendigkeit zu sorgen. Der Körper reagiert in seiner Gesamtheit flexibel auf Umwelteinflüsse. Steigt die Außentemperatur, beginnen wir zu schwitzen. Der Körper handelt kohärent, weil alle Gewebe, alle Organe und alle Zellen Beteiligte an einem gemeinsamen Beziehungsprozess sind. Sie gewinnen Stabilität – und machen dafür einen Kompromiss mit ihrer möglichen Freiheit. Die Leber etwa kann nicht selbst entscheiden, wohin sie in Urlaub fährt. Aber sie kann einen Beitrag zur Integrität des Körpers leisten, von dessen Gesundheit wiederum ihr Gedeihen abhängt.

Was ich damit sagen will: Wir können die Klimakrise bewältigen, wenn uns kulturell ein Übergang zu einer solchen Mehrstimmigkeit gelingt. Wir werden dem Notstand des Erdsystems nur gerecht, wenn wir es als das Zusammenhandeln der vielen auffassen und unser Handeln als Teil einer gemeinsamen Aktion gestalten. Dafür müssen wir den anderen Wesen die Rechte an ihrem Leben zurückgeben. Die Idee, dass die Erde unser Untertan ist, führt zum Abbruch der Beziehung zu ihr. Aber auch die aktuelle Auffassung, wonach wir nur ein besserer Betreuer, ein »Steward« der Natur sein müssten, führt in die Isolation.

Gefragt ist also wirkliches Zusammenhandeln, ein echter Kompromiss. In diesem müssten wir den Traum, die Illusion von der menschlichen Sonderstellung aufgeben. Diese Illusion hat uns die Klimakrise und das ökologische Sterben eingebrockt, denn sie verhindert den Kompromiss und provoziert Gewalthandeln. Den Kompromiss mit der Erde suchen hieße, den Traum loszulassen. Das wäre unser Beitrag zu mehr Echtheit. Der Beitrag der Erde wiederum besteht darin, dass sie uns mit Leben versorgt.

Wie würde in der Praxis die Mitbestimmung von Grünen Heupferden, Blindschleichen und Hochmooren aussehen? Um diese Frage zu beantworten, müssen wir unsere Vorstellung von dem, was ein Subjekt ist und welche Form von Rationalität es besitzt, überdenken. Um zu Kompromissen mit anderen Wesen in der Lage zu sein, müssen wir aufhören zu glauben, wir könnten nicht wissen, was diese wollen. Sie wollen leben, genau wie wir. Es ist daher möglich, dass wir stellvertretend im Sinne der nichtmenschlichen Wesen agieren. Eltern tun das auch für ihre Kinder. Auf diesem Weg vermögen wir gemeinsam zu handeln.

Die Mitglieder der lebenden Natur können auch dann im Zentrum unserer Aufmerksamkeit stehen, wenn sie keine Stimmzettel abgeben. Animistische Kulturen zeigen seit Jahrtausenden, wie das geht. Ein großer Teil der Rituale, die Stammesvölker Pflanzen oder Tieren widmen, dienen dazu, deren Fruchtbarkeit zu fördern. Sie sind in ein System von Vorschriften eingebunden, welche und wie viele Tiere getötet oder Früchte geerntet werden dürfen.[56]

Überlegungen wie diese sind sowohl im Klimaschutz als auch im Naturschutz ungewohnt. Sie passen auch nicht ins Konzept der »Ökopragmatisten«. Die Anhänger dieser Bewegung, wie etwa Peter Kareiva, langjähriger Chefwissenschaftler der US-amerikanischen »Nature Conservancy«, wollen dem abschwören, was sie als Verzärtelung und Musealisierung einer menschenfernen Natur sehen. Sie flüchten sich freilich ins andere Extrem und plädieren dafür, die Biosphäre wie einen Ableger des freien Marktes zu behandeln und Angebot und Nachfrage ihrer »Ökosystemdienstleistungen« über den Schutz der Natur und letztlich auch des Klimas entscheiden zu lassen.[57]

Wir brauchten stattdessen eine umfassende Neuformulierung unseres ökologischen Engagements. Dieses müsste als ein Kampf für die Beteiligung aller Wesen – auch so ätherischer Wesen wie Wolken, Wind und Wasser – geführt werden. Diese Position ist radikaler als der Kommunismus. Sie ist nämlich der entscheidende Moment, den der Kommunismus vergessen hat, als er die Befreiung der Arbeiterklasse von der Bourgeoisie *und* der Natur proklamierte.

Inzwischen beginnen solche Gedanken auch in den Biowissenschaften Fuß zu fassen. Die Ökologen Bram Büscher und Robert Fletcher von der niederländischen Universität Wageningen etwa stellen in ihrem jüngsten Buch eine Ökologie der gegenseitigen Verpflichtung und Beteiligung vor. Sie nennen ihr Konzept »Convivial Conservation« – Naturschutz in gemeinsamer Gastlichkeit. Einer der von Büscher und Fletcher propagierten Perspektivwechsel lautet etwa: »Vom Retten der Natur zur gemeinsamen Feier menschlicher und nichtmenschlicher Natur«. Was sie vorschlagen, ist ein ernst gemeinter Kompromiss zwischen den Bewohnern einer Welt, in der nicht nur die Menschen Handelnde sind, sondern die nichtmenschlichen Wesen mit ihnen zusammen.[58]

Auch der französische Soziologe Bruno Latour hat sich entschlossen, die Erde – das, was Klimawissenschaftler als »Erdsystem« bezeichnen – in den Rang einer Akteurin zu erheben. Er führt dazu wie schon James

Lovelock und Lynn Margulis die altgriechische Bezeichnung »Gaia«, Göttin des Bodens, für die Erde ein. Während Lovelock und Margulis vor allem die physikalische und biologische Selbstorganisation der Erde interessiert, plädiert Latour dafür, Gaia als eine politische Akteurin wahrzunehmen. Wir können mit ihr politische Bündnisse schließen – und sollten das um des Lebens willen tun. Für den Soziologen ist die Unfähigkeit der Umweltbewegung, die Natur als handelndes Subjekt (oder als eine Vielzahl solcher Subjekte) zu erkennen, einer der Gründe dafür, dass die Ökologen gegenüber den Kapitalisten so ins Hintertreffen geraten sind. Sie konnten ihre heimlichen Verbündeten, die Gesamtheit der nichtmenschlichen Wesen, nicht mobilisieren.[59]

Wenn wir in der Klimakrise einen Kompromiss unter den Teilhabern der Biosphäre suchen, müssen wir einen Pakt der Gegenseitigkeit mit allen Wesen schließen. Ein solcher Ansatz ist radikal. Aber er folgt den zentralen Kriterien des Zusammenhandelns: Erkenne die wahren Bedürfnisse aller Beteiligten – und finde einen Weg, mit dem alle leben können, an dem keiner sterben muss. Hilfe für das Klimadesaster verspricht somit nicht der Krieg gegen die Erderwärmung, sondern ein Kompromiss mit der Biosphäre als einer Handelnden.

Zusammenhandeln ist eine Frage der Kultur. Wir müssen uns aktiv dafür entscheiden. Der Kompromiss – der geglückte, echte Kompromiss – ist ein Kulturprojekt. Vielleicht besteht die eigentliche Aufgabe der Kultur sogar gerade darin, das für eine solche Form des Kompromisses erforderliche Zusammenhandeln zu organisieren. Dieses hat stets zwei Dimensionen. Es setzt voraus, dass wir uns auf das Echte, auf die wahren Lebensinteressen in jedem von uns besinnen, und es erfordert, den Traum aufzugeben, dass die eigenen Interessen in Gänze realisiert werden können. Kultur ist alles, was den Ausgleich der Lebensinteressen sucht, nicht der Kampf um Hegemonie. Dabei kann – wie in meinen Überlegungen zur Klimadebatte – der Ausgleich der Lebensinteressen überraschend anders aussehen als das, was in den Zielen der jeweiligen Interessenvertreter formuliert wurde. Das macht das Schöpferische des Zusammenhandelns aus. Es ist nicht anders als das schöpferische Leben, das mit dem arbeitet, was da ist, und so Neuheit erschafft.

9 Kompromiss als Lebenskunst

Wie wir gesehen haben, berührt das Nachdenken über den Kompromiss alle existenziellen Bereiche. Es betrifft die Frage nach dem Menschen (Was sind unsere zentralen Bedürfnisse?), die Ethik (Wie lassen sich diese Bedürfnisse so erfüllen, dass andere nicht geschädigt werden?), die Politik (Wie lässt sich eine produktive Bedürfniserfüllung organisieren?), die Wirtschaft (Wie lässt sich das zum Leben Nötige unter den Teilnehmern an diesen Beziehungen verteilen?) und letztlich die Ökologie, das System der Systeme, das Gesamtnetz der Beziehungen, das alle Wesen verbindet (Wie kann ich so leben und sterben, dass Leben weiter möglich bleibt?). Mithilfe des Kompromisses können wir tiefer erfassen, wie Individuum und Gesellschaft (das Subjekt und die Wirklichkeit) miteinander verbunden sind, ja, wie sich beides auseinander entfaltet.

Wir gehen heutzutage nicht zu viele, sondern zu wenige Kompromisse ein. Wenn wir im Konsens zu handeln versuchen, machen wir es oft falsch: Wir leiden an einem Geist des Schacherns und zeigen wenig Bereitschaft, wirkliche Änderungen zu erwägen. Das gilt für uns alle, besonders aber für unsere politische Kultur. Nicht Zugeständnisse sind das Problem, sondern die Tatsache, dass sich hinter vielen Konsensabkommen, die Zusammenhandeln vortäuschen, in Wahrheit Gewalthandeln verbirgt. Heute haben Demagogen so viel Erfolg mit ihrer vorgeblichen Kompromisslosigkeit, weil der Kompromiss ohnehin schon dahin ist, und nicht deshalb, weil wir zu viele davon machen. Fünfhundert Jahre Neuzeit im Westen, fünfhundert Jahre Ethos des Geldverdienens haben das Kompromisse-Machen gründlich vertrieben.

Wenn wir keine Kompromisse eingehen, stehen wir nicht in Beziehung. Und die Beziehungslosigkeit nimmt zu. Auch das ist eine Diagnose, die sich für unsere Zeit stellen lässt. Wir vermeiden Beziehung, so gut es geht, weil sie das Projekt unseres Traums stört, uns für alle Unglücksfälle unantastbar zu machen. Aber Leben ohne Beziehung ist unmöglich. Kompromisse neu zu lernen heißt daher, an unserer Beziehungsfähigkeit zu arbeiten. Es ist der Versuch, lebendiger zu werden. Der Kompromiss wird damit zum Schlüssel einer neuen Lebenskunst.

Die klassische chinesische Kultur hat das Konzept des »Wuwei« entwickelt. Es besagt, dass kluges Handeln nicht darin besteht, seine Ansprüche erfolgreich durchzusetzen, sondern die eigenen Ziele so zu realisieren, dass zugleich die der anderen erfüllt werden. Ein solches Handeln ähnelt dem Weg, den das Wasser beim Fließen findet. Dieser führt immer bergab, folgt immer der natürlichen

Neigung des Geländes, macht dabei aber oft abenteuerliche Bögen und Umwege. Bei einer Haltung, die dem »Wuwei« folgt, ist der Kompromiss unvermeidlich. Solange aber alle ihrer ursprünglichen, »natürlichen« Richtung folgen dürfen, ist die Chance auf eine Einigung hoch.

Kompromisse schließen heißt nicht, zähneknirschend zweitbeste Lösungen zu akzeptieren, sondern das zu wählen, was mir etwas schenkt, weil ich selbst anderen gegenüber großzügig bin. Es steht außer Frage, dass nur Zusammenhandeln der Vielstimmigkeit und der Gemeinschaftlichkeit des Kosmos gerecht wird. Die Lebenskunst, unser individuelles »Wuwei«, liegt darin, die natürliche Fließrichtung dieser Gemeinschaftlichkeit so zu unterstützen, dass das Eigene nicht zu kurz kommt. Auch dieses ist nämlich Teil des Fließens und darf nicht einem Handel geopfert werden. Im Austarieren des Eigenen und des Gemeinschaftlichen, dieser beiden Dimensionen der Wirklichkeit, liegt die Kunst des Kompromisses.

Die Diplomatie des Zusammenhandelns mag in manchen Fällen vertrackt sein, verspricht aber Fruchtbarkeit. Ihr größter Feind ist nicht das sichtbare Gewalthandeln, sondern das unsichtbare, die Heuchelei. Das macht die neuen Despoten und Populisten so gefährlich: Ihre Anhänger bejubeln sie, weil sie Brutalität und Dezisionismus propagieren, und ihre Gegner unterschätzen sie, weil sie ihnen dennoch die guten Worte glauben oder ihnen zumindest die Absicht unterstellen, den Raum der geteilten Menschlichkeit nicht zu verlassen. Das aber kann ein Irrtum sein.

Angesichts der Despotie muss die goldene Regel Amitai Margalits gelten: Schließe unter keinen Umständen, auch nicht um des Friedens willen, einen Handel mit Despoten. Verweigere dich ihm in jedem Fall. Bleibe echt. Das ist vielleicht die einzig wirkliche Tapferkeit, die man zeigen kann: echt zu bleiben in seiner Menschlichkeit und der Verlockung zu widerstehen, die eigene Haut zu retten, indem man das Despotische stützt. Es ist eine Tapferkeit, die sich nicht durch Furchtlosigkeit oder Heldenallüren beweist, sondern durch das hartnäckige Bemühen, einen echten Kompromiss zu schließen – und dafür alles zu geben.

Der Kompromiss ist etwas Aktives. Er ist kein Zurückstecken, sondern ein Handeln mit dem Ziel, in dieser Welt die Beziehungen zu intensivieren, damit alle etwas davon haben. Er ist keine Resignation und kein bloßes Durchhalten, sondern ein schöpferischer Akt. Ich muss dabei an die afroamerikanische Schriftstellerin Toni Morrison denken, die diese Umkehr, diese magische Aktivierung beschreibt, die möglich wird, wenn man nicht nur Besitzstände bewacht. Es ist der Moment, da man begreift, dass die eigentliche Freiheit nicht darin besteht zu kontrollieren, ob einem auch ja nichts weggenommen wird, sondern darin, der Welt etwas hinzuzufügen. In solchen

Momenten wird man mit Schönheit beschenkt, weil man aktiv zu ihr beiträgt. Morrison schreibt: »Schönheit war nicht einfach etwas, das es nur zu bestaunen galt, sie war etwas, das ich tun konnte.«[60]

Warum also sollten wir Kompromisse schließen? Weil sich nur das zu besitzen lohnt, was mehr wird, wenn man es teilt.

Danksagung

Andreas Herberg-Rothe und Nina Verheyen gebührt mein Dank für freundliche Gesprächsbereitschaft und inspirierenden Austausch. Ludger Ikas danke ich für ein beflügelndes und zugleich am festen Zügel führendes Lektorat zu jeder Tag- und Nachtzeit. Und Alessandra für den ganzen Rest.

Anmerkungen

1 Albert Camus, *L'homme révolté*, Paris 1951. Für die Übersetzung des Begriffes s. Andreas Weber, *Lebendigkeit. Eine erotische Ökologie*, München 2014, S. 220.

2 Carl von Clausewitz, *Vom Kriege*, Hamburg 2008.

3 Andreas Herberg-Rothe, persönliches Gespräch.

4 Andreas Herberg-Rothe, »Hannah Arendt und Carl Schmitt – Vermittlung von Freund und Feind«, *Der Staat*, Vol. 43, No. 1 (2004), S. 35–55, hier S. 12.

5 Hannah Arendt, *Wahrheit und Lüge in der Politik: Zwei Essays*, München und Zürich, 2. Aufl. 1987, S. 44–92.

6 Karl Ernst Georges: *Ausführliches lateinisch-deutsches Handwörterbuch*, Hannover 1913 (Nachdruck Darmstadt 1998), Bd. 1, Sp. 1372.

7 Theodor W. Adorno, *Minima Moralia* (Gesammelte Schriften 4), Frankfurt am Main 1997, S. 43.

8 Nach Theodor Wilhelm, *Der Kompromiß*, Stuttgart 1973, S. 97.

9 Nach ebenda, S. 67.

10 Nach ebenda, S. 52.

11 Nach ebenda, S. 116.

12 Arendt, a. a. O.

13 Nina Verheyen, *Diskussionslust. Eine Kulturgeschichte des besseren Arguments* (Kritische Studien zur Geschichtswissenschaft, Bd. 193), Göttingen 2010.

14 Bruno Latour, *Das terrestrische Manifest*, Berlin 2018.

15 Amitai Margalit, *Über Kompromisse und faule Kompromisse*, Berlin 2011, S. 55 ff.

16 Ebenda, S. 9.

17 Ebenda, S. 10.

18 »Ich mach mir keinen Kopf. Ich mach mein Ding«- Nils | #SingleNotSorry | Tinder. https://www.youtube.com/watch?v=W3puxXfVuAw (alle Links in den Anmerkungen zuletzt abgerufen am 11. Juli 2020).

19 Wilhelm, a. a. O., S. 102.

20 Nach ebenda, S. 90.

21 Margalit, a. a. O., S. 17.

22 Hannah Arendt, *Vita Activa oder Vom tätigen Leben*, München, Zürich 2002.

23 Andreas Weber, *Natur als Bedeutung. Versuch einer semiotischen Theorie des Lebendigen*, Würzburg 2003.

24 Marshall Rosenberg, San Francisco Workshop, https://www.youtube.com/watch?v=l7TONauJGfc

25 Margalit, a. a. O., S. 53.

26 Ebenda, S. 54.

27 Ebenda, S. 61.

28 Audre Lorde, *Sister Outsider. Essays and Speeches*, Berkeley, CA, 2007, S. 57.

29 Philip Alston, »Covid-19 has revealed a pre-existing pandemic of poverty that benefits the rich«. *The Guardian*, 11. Juli 2020, https://www.theguardian.com/global-development/2020/jul/11/covid-19-has-revealed-a-pre-existing-pandemic-of-poverty-that-benefits-the-rich

30 Georg Simmel, *Soziologie. Untersuchungen über die Formen der Vergesellschaftung*, Berlin 1908.

31 Minna Salami, *Sensuous Knowledge. A Black Feminist Approach for Everyone*, London 2020, S. 19.

32 Boaventura de Sousa Santos, *The End of the Cognitive Empire. The Coming of Age of Epistemologies of the South*, Durham & London 2018.

33 Für eine detaillierte Analyse dieser Position s. Andreas Weber, *Indigenialität*, Berlin 2018, sowie ders., *Sharing Life. Animism as Ecopolitical Practice*, Berlin: Heinrich-Böll-Stiftung, 2020.

34 Die Quelle für diesen und die folgenden Absätze ist Ed Pilkington, »The day police bombed a city street: can scars of 1985 Move atrocity be healed?«, *The Guardian*, 10. Mai 2020, https://www.theguardian.com/us-news/2020/may/10/move-1985-bombing-reconciliation-philadelphia

35 W. Wilson Goode, »When I was mayor, Philadelphia bombed civilians. It's time for the city to apologise«, *The Guardian*, 10. Mai 2020, https://www.theguardian.com/commentisfree/2020/may/10/when-i-was-mayor-philadelphia-bombed-civilians-its-time-for-the-city-to-apologise (übers. von mir, A. W.).

36 https://en.wikipedia.org/wiki/Tulsa_race_massacre

37 Eddie S. Glaude, Jr., »James Baldwin Insisted We Tell the Truth About This Country. The Truth Is, We've Been Here Before«, *Time*, 25. Juni 2020, https://time.com/5859214/james-baldwin-racism/

38 Siehe Ta-Nehisi Coates, *Zwischen mir und der Welt*, Berlin 2016, S. 133.

39 Ebenda, S. 18.

40 Siehe Theodor W. Adorno, *Jargon der Eigentlichkeit. Zur deutschen Ideologie*, Frankfurt am Main 1964.

41 Bayo Akomolafe, »Dear White People«, http://bayoakomolafe.net/project/dear-white-people/

42 Albert Camus, *Der Mythos des Sisyphos. Ein Versuch über das Absurde*, Reinbek 2004, S. 50 f.

43 Hier ist nicht der Ort, die wichtige Rolle des von Thomas Hobbes konzipierten Gesellschaftsvertrags beim Zustandekommen des Traums genauer zu untersuchen. Mehr dazu in Weber, *Indigenialität*, a. a. O.

44 Coates, a. a. O., S. 150.

45 Ebenda.

46 Nach Salami, a. a. O., S. 11 (übers. von mir, A. W.).

47 Gary Snyder, *Practice of the Wild*, Berkeley, CA, 1999, S. 5 (übers. von mir, A. W.).

48 Siehe dazu ausführlich Andreas Weber, »Die Botschaft der intimen Distanz. Eine ökologische Utopie«, in: Michael Volkmer, Karin Werner (Hg.), *Die Corona-Gesellschaft. Analysen zur Lage und Perspektiven für die Zukunft*, Bielefeld 2020.

49 Siehe »Darm & Immunsystem – wie Sie einfach Ihre Darmflora aufbauen«, https://www.hohenzollern-apotheke.de/service/wissenswertes/darm-immunsystem-darmflora-verbessern/ – siehe auch Giulia Enders, *Darm mit Charme. Alles über ein unterschätztes Organ*, Berlin 2014.

50 https://www.photovoltaik.eu/andere-artikel/solarzelle-schlaegt-blatt

51 Bill McKibben, »A World at War«, *The New Republic*, 15. August 2016, https://newrepublic.com/article/135684/declare-war-climate-change-mobilize-wwii

52 James E. Lovelock und Lynn Margulis, »Atmospheric homeostasis by and for the biosphere: the Gaia hypothesis«, *Tellus*. Series A. Stockholm: International Meteorological Institute, 26 (1–2), 1974, S. 2–10.

53 David Ellison et al., »Trees, forests and water: Cool insights for a hot world«, *Global Environmental Change* 43, 2017, S. 51–61.

54 Ebenda.

55 http://www.wald-und-forst.de/wald-erholungsraum.php

56 Ausführlich in Weber, *Sharing Life*, a. a. O.

57 Emma Marris, *Rambunctious Gardens. Saving Nature in a Post-Wild World*, New York 2011.

58 Bram Büscher, Robert Fletcher, *The Conservation Revolution. Radical Ideas for Saving Nature beyond the Anthropocene*, New York 2020.

59 Latour, a. a. O.

60 Nach Salami, a. a. O., S. 188.

Bibliographisches Institut GmbH, Mecklenburgische Straße 53, 14197 Berlin

Redaktion Dr. Ludger Ikas
Herstellung Alfred Trinnes
Layout Schimmelpenninck.Gestaltung, Berlin
Satz L101 Mediengestaltung, Fürstenwalde
Umschlaggestaltung Schimmelpenninck.Gestaltung, Berlin
Umschlagabbildung © Schimmelpenninck.Gestaltung, Berlin
Druck und Bindung Livonia Print, SIA, Riga
Printed in Latvia

ISBN 978-3-411-75636-0
Auch als E-Book erhältlich unter: ISBN 978-3-411-91324-4
www.duden.de

PEFC
PEFC/12-31-006

PEFC zertifiziert
Dieses Produkt stammt aus nachhaltig bewirtschafteten Wäldern und kontrollierten Quellen.

www.pefc.de